新编高职高专物流管理专业系列教材
XINBIAN GAOZHI GAOZHUAN WULIU
GUANLI ZHUANYE XILIE JIAOCAI

保 税 物 流

BAOSHUI WULIU

主　编　叶世杰　安小凤

副主编　牟艳红　陈远军　王娟娟

重庆大学出版社

内容提要

　　本书系统地介绍了保税区域所需的物流专业知识和操作技能,如报关、货代与单证管理、运输配送、机械化装卸、包装、商检、仓库管理、物流信息管理等。旨在培养学生具备进入企业从事保税物流相应经济业务的能力,及进入管理机构履行保税物流相应职责义务的理论知识和操作技能。

　　本书可作为高职高专院校物流管理专业师生的教材和参考用书,也可供与物流管理相关的各专业教学使用,以及作为继续教育、职业培训的教材,或作为物流企业及其他商贸、流通、生产、经营管理类企业的仓储作业与管理人员的参考用书。

图书在版编目(CIP)数据

保税物流/叶世杰,安小风主编 . —重庆:重庆
大学出版社,2014.3(2024.1 重印)
新编高职高专物流管理专业系列教材
ISBN 978-7-5624-7944-4

Ⅰ.①保… Ⅱ.①叶…②安… Ⅲ.①自由贸易区—物流—
高等职业教育—教材 Ⅳ.①F252

中国版本图书馆 CIP 数据核字(2013)第 310932 号

新编高职高专物流管理专业系列教材
保 税 物 流
主　编　叶世杰　安小风
副主编　牟艳红　陈远军　王娟娟
策划编辑:顾丽萍
责任编辑:蒋昌奉　　版式设计:顾丽萍
责任校对:谢　芳　　责任印制:张　策
*
重庆大学出版社出版发行
出版人:陈晓阳
社址:重庆市沙坪坝区大学城西路 21 号
邮编:401331
电话:(023) 88617190　88617185(中小学)
传真:(023) 88617186　88617166
网址:http://www.cqup.com.cn
邮箱:fxk@cqup.com.cn(营销中心)
全国新华书店经销
POD:重庆新生代彩印技术有限公司
*
开本:720mm×960mm　1/16　印张:13.25　字数:267 千
2014 年 4 月第 1 版　　2024 年 1 月第 4 次印刷
ISBN 978-7-5624-7944-4　定价:39.00 元

当前,物流业作为中国发展最为迅速的产业之一,其所带来的经济效益和社会效益日益递增,吸引了来自企业和管理部门越来越多的关注。其中,保税物流区域的建设和发展已成为了我国各个地区所关注的重点领域,而对于相关政策的把握和相关业务的开展,也是中国各类企业在国际贸易进出口竞争中抢占先机的重要环节。根据这些实际需求,编者将保税物流所涉及的多项物流专业知识和技能进行了系统集成,完成了《保税物流》一书的编写。

编者编写本书,旨在为企业开展保税物流业务和管理机构进行保税物流管理培养掌握保税物流系统理论知识和操作技能的专业人才。由于编写时间仓促,加之编者水平所限,对保税物流所涉及的报关、货代与单证管理、运输配送、机械化装卸、包装、商检、仓库管理、物流信息管理等理论知识和操作技能,只进行了浅层次的讲授,尚有许多理论知识和操作技能需要进一步展开。因此,在将来的教学研究工作中,将通过不断丰富自身的理论知识和实践经验,以完善相应内容,扩大本书的保税物流理论知识的覆盖面及增加本书的保税物流操作技能的深度。同时,也欢迎各位老师、同学及读者对本书的内容提出宝贵的批评和建议,使其作为培养保税物流人才的专业教材,能更好地发挥作用。

本书由重庆城市管理职业学院叶世杰、安小风担任主编,叶世杰负责总体框架设计、编写大纲的拟定以及统稿和定稿。具体编写分工如下:项目1由安小风、重庆城市管理职业学院王娟娟编写;项目2由安小凤、重庆海关加工贸易监管处陈远军编写;项目3和项目4由重庆城市管理职业学院牟艳红编写;项目5和项目6由重庆城市管理职业学院王雅蕾、王娟娟编写;项目7和项目8由叶世杰、陈远军编写。

在本书的编写过程中,重庆市海关、重庆西永综合保税区、重庆市物流与供应链协会、重庆城市管理职业学院等企业机构给予了大力的支持和帮助,在此致以衷心的谢意。

由于编者学识水平和实践经验有限,书中难免有不妥之处,衷心希望本书的使用者和同行批评指正,以便后续修改完善。

编　者
2013 年 11 月

项目 1　加工贸易和监管

任务 1　认知国际贸易

1.1.1　国际贸易的含义和特点

1）国际贸易的含义

国际贸易（International Trade），或称对外贸易、进出口贸易，是指一国或地区同别国或地区进行商品或服务交换的活动。广义的国际贸易包括货物贸易和服务贸易。狭义的国际贸易仅限于货物贸易。

2）国际贸易的特点

国际贸易虽与国内贸易并无实质性的差别，但由于它是在国与国之间进行的，与国内贸易相比具有以下特点：

（1）复杂性

国际贸易的交易双方处在不同的国家和地区，在洽商交易和履约过程中势必涉及相关国家不同的法律体系，受到有关国家对外贸易政策、措施以及外汇管制等方面的制约；同时，在国际贸易中，每批交易除了买卖双方外，往往还要涉及国内外的运输、保险、海关、检验检疫和银行等部门，或接受其监管与管理。中间环节多，若一个环节出了问题，就会影响整批交易的正常进行。因此，国际贸易涉及的问题非常复杂。

（2）不稳定性

国际贸易客观上受到地区冲突、贸易摩擦、汇率浮动、货价波动、经济危机等国内外政治和经济因素的影响，因而具有较强的不稳定性。

（3）风险性

在国际贸易中，双方的交易数量和金额通常都比较大，从磋商和订立合同开始，一直到履行合同，间隔时间一般比较长，货物从出口国到进口国，大都需经长途运输,有的还需使用多种运输方式,所以买卖双方在交易过程中承担的风险远比国内贸易大。

1.1.2 国际贸易的基本业务程序

在进出口贸易中,由于交易方式和成交方式条件不同,其业务环节也不尽相同。各环节的工作,有的分先后进行,有的先后交叉进行,也有的齐头并进。但是,无论是出口贸易,还是进口贸易,就他们的基本业务程序而言,均可概括为以下3个阶段:准备阶段、磋商和订立合同阶段以及履行合同阶段。

1)出口贸易的基本业务程序

(1)出口交易前的准备

出口交易前的准备工作,主要包括下列事项:

①落实货源和做好备货。

②加强对国外市场与客户的调查研究,选择适销的、目标市场资信好的客户。

③制订出口商品经营方案或价格方案。

④开展多种形式的广告宣传和促销活动。

(2)出口交易磋商和合同订立

在做好上述准备工作之后,即可通过函电联系或当面洽谈等方式,就出口交易的具体内容与国外客户进行磋商交易。当一方的发盘被另一方接受后,交易即告达成,合同就算订立。

(3)出口合同的履行

出口合同订立后,买卖双方就应该根据合同规定,各自履行自己的义务。按照CIF 条件和信用证付款方式达成交易,就卖方履行出口合同而言,主要包括下列各环节的工作:

①认真备货,根据合同规定按时、按质、按量准备好货物。

②落实信用证,做好催证、审证、改证等工作。

③及时落实租船订舱,安排运输保险,并办理出口报关手续。

④缮制、备妥有关单据,及时向银行交单结汇、收取收款。

2)进口贸易的基本业务程序

(1)进口交易前的准备

进口交易前的准备工作,主要包括下列事项:

①制订进口商品经营方案或价格方案。

②在对外市场和外商资信情况调查研究的基础上,货比三家,选择适当的采购

市场和供货对象。

（2）进口交易磋商和合同订立

进口贸易的交易磋商和合同订立的做法与出口贸易基本相同，但特别应做好比价工作，以便在与外商谈判中争取对自己最有利的条件。

（3）进口合同的履行

履行进口合同与履行出口合同的程序相反，工作侧重也不一样。如按照 FOB 条件和信用证付款方式成交，买方履行合同的程序，一般包括下列事项：

①按合同规定向银行申请开立信用证。

②及时派船到对方口岸接运货物，并催促卖方备货装船。

③办理货运保险。

④办理进口报关手续，并验收货物。

任务2　认知加工贸易

1.2.1　加工贸易的含义

国际贸易的方式包括经销（Distributorship）、代理（Agency）、招标（Invitation to Tender）和投标（Submission of Tender）、拍卖（Auction）、寄售（Consignment）、加工贸易（Processing Trade）、对销贸易（Counter Trade）等方式。本书重点讲述加工贸易方式。

加工贸易是指经营企业进口全部或部分原辅材料、零部件、元器件、包装物料，经加工或者装配后，将制成品再出口的经营活动。可见，加工贸易是以加工为特征、以商品为载体的再出口业务。

1.2.2　加工贸易种类

加工贸易的形式多种多样，目前常见的基本形式主要有：进料加工和对外加工装配两种。

1）进料加工（Processing with Imported Materials）

进料加工在我国曾被称为"以进养出"，指本国经营企业与国外原材料、零部件供应商订立进口合同，用外汇购入国外的原材料、辅料、元器件或零部件，利用本国的技术、设备和劳力，加工成成品后，再销往国外市场的经营活动。进料加工业务中，本国的经营企业既要与国外客户签订购买原材料、零部件的进口合同，又要与国外客户签订成品出口合同。两个合同均以货物所有权的转移为特征，是两笔不同的货物买卖。对于进料加工，本国经营企业必须自担风险，自负盈亏，通过进料加工获取商业利润。

2）对外加工装配

对外加工装配是来料加工和来件装配的总称，是一种委托加工的贸易方式。

（1）来料加工（Processing with Customer's Materials）

来料加工，是一种委托加工的贸易方式，是指国外客户作为委托方，提供原材料、辅料、包装物料等，委托本国生产企业即加工业务承接方，按委托方的要求加工成成品后运交委托方，由委托方在国外销售的经营活动。来料加工业务中，委托方对其所提供的原材料、辅料、包装物料，以及加工成的成品拥有所有权，承担原材料市场和成品销售的市场风险，承接方则按约定收取加工费。来料加工业务体现了加工成本高昂的国家，利用人工成本低廉国家的生产能力，以降低成本、提高利润为目的，为其商务经营活动服务的经营策略。

（2）来件装配（Assembling with Customer's Parts）

来件装配是指国外委托方提供零部件、元器件，有的还提供包装材料，委托本国承接方按其工艺设计要求进行装配，成品交还委托方处置，承接方按照约定收取装配费的经营活动。

1.2.3 我国加工贸易发展阶段

1978 年 8 月，珠海县香洲毛纺厂签订了第一份来料加工协议，而这也开启了中国加工贸易的道路。

1）按加工贸场实体划分

根据不同的加工贸品实体，我们可将中国加工贸易发展划分为 3 个阶段。

①国内外贸企业主导的出口导向型阶段。在这个阶段里，在外贸经营权垄断体制下，各级外贸公司承接国外订单，并办理海关加工贸易手册，寻找加工厂家承担生产活动。这个阶段自加工贸易开始一直延续至 20 世纪 90 年代中期。

②外商投资企业主导的出口导向型阶段。在这个阶段，随着外贸经营权的打开及外商投资的进入，外贸经营资格已不再是稀缺资源。外商投资企业、国有企业与民营企业都有机会获得外贸经营权。外贸逐渐建立于加工能力的基础之上，而不是凭借垄断资质。加工制造企业办理海关加工贸易手册。中国制造在这个阶段奠定了基础，在加工制造领域产能得到极大的发挥，在某些行业出现了产能过剩。

③跨国企业主导的内外销并行型阶段。这个阶段肇始于 2008 年金融危机。

跨国企业在合理调配全球消费市场与生产加工能力的基础之上,实现全球加工、配送、营销的贸易型产业形态。同时,海关监管也从加工贸易手册、账目管理步入联网与特殊区域监管。

2)按加工贸易发展水平划分

第一阶段,从1978—1987年,中国加工贸易处于较低发展水平。这个阶段主要开展三来一补(即来料装配、来料加工、来样加工与补偿贸易),从事简单加工与劳动力密集型加工。加工贸易进口总额所占的比例从几乎为零发展至23.2%。

第二阶段,从1988—1998年是中国加工贸易调整发展的阶段。1988年国家出台鼓励"大进大出""两头在外"的政策措施,尤其是1992年邓小平的南方谈话极大地促进了加工贸易的发展。在这个阶段,加工贸易进出口所占的比例增长至最高点53.4%。加工贸易的生产结构也发生了变化,从来料加工为主发展至进料加工为主。

第三阶段,从1999年至今,自国务院〔1999〕35号文件《关于进一步完善加工贸易银行保证金台账制度的意见》,将加工贸易商品分为禁止、限制与允许三类,并将加工企业按照A、B、C、D四类实行分类管理,不同类别的企业加工不同类别产品享受不同的待遇;建立单耗标准,实现商务部、海关与多个性质部门共同管理机制,引导加工贸易向高技术、高附加值的方向发展。

1.2.4 我国加工贸易存在的问题

长期以来,以牺牲自身资源和环境,靠廉价劳动力以及恶劣的劳动环境为代价的低端出口,在我国经济发展中占据重要地位,使我国贸易的发展长期处于一种粗放的经济增长模式。另外,由于加工贸易企业处在全球价值链的低端位置,许多行业和企业的核心技术长期受制于人,缺乏自主品牌,利润微薄。因此,我国加工贸易出口企业面临日益严峻的考验,主要体现在以下几个方面:

1)加工贸易企业的主体是外资企业

长期以来加工贸易转型发展的一个内在压力就是外资独大的局面,使得加工贸易中内资企业所占的比例不足两成。从20世纪80年代中期开始,中国发展出现的更多有利条件和优势,吸引了大量的外商投资企业来华从事加工贸易,外商投资的加工贸易企业的比重越来越大。外资企业在2004年以后成为了我国外贸的主导力量,并一直保持增长的态势;在此期间,国内民营企业迅速崛起,国有企业在我国外贸中的比重不断下降,但是作为主体的外资加工贸易的地位还是没有动摇。到了2010年,中国外商投资企业加工贸易进出口额达到9 709亿美元,占全国加工贸易进出口总值的 83.9%。同期,国有企业和民营企业的加工贸易进出口额分别占 8.6% 和 5.8%。对外经贸大学教授卢进勇说,外商投资企业主导中国的加工贸易,从 2001—2010 年的 10 年间,外商投资企业加工贸易进出口占全国的平均比重为 81.57%。由此不难看出,加工贸易企业由外资主导的局面一直未改变,还出现继续增长的态势,这样的局面会导致我国贸易安全风险不断被积累和放大;而我国民营企业的出口规模相对较小,不仅受到品牌影响力和人才技术制约等内部因素的制约,还面临着外部的反倾销、特保和技术壁垒等弊端。外资企业占主导的加工贸易发展模式,会对我国加工贸易的可持续发展产生以下不利影响:一是外资企业为主体的加工贸易导致大部分收益归外商所有,外商占据着附加值高的环节,攫取了利润的绝大部分;二是面对东道国生产成本上升的情形,为实现利润最大化,外资企业会转移到成本更低的国家,由此会给我国加工贸易的发展带来不确定性和风险性;三是外资企业的经营策略会牵制我国加工贸易转型升级,其发展方向会受制于外资企业的发展战略和目标。因此,长期以来被外商主导的加工贸易局面以及因此而形成的依赖性,在面对国内国外的经济波动时,对我国的经济会有很大程度的不利影响,我们应将主动权掌握在自己的手中,鼓励培养国有企业、民营企业,逐渐过渡到由我国本土企业来主导控制加工贸易产业,为我国加工贸易产业的良好发展提供一片沃土。

2)加工贸易企业长期处于产业价值链的低端

我国加工贸易以劳动密集型行业为主,包括纺织、服装、鞋、家具、机电产品等。这些行业的技术要求比较低,更多是规范化、规模化生产。我国只是获得生产加工环节的微小利润,附加值高的环节,例如设计、品牌营销等,往往不在我国进行。虽然近年来加工贸易在电子产品、IT 行业等资金、技术密集型的高科技领域逐渐增多,但国内企业从事的也只是其中的劳动密集型环节,依然处于产业链的低端。由此,中国加工贸易的现状和处境还是处于加工装配阶段,被长期锁在价值链低端且很难向上游攀升。长期处于产业价值链低端的粗放型增长道路对我国资源、环境的承载力造成了很大的威胁。我国 GDP 一直是以牺牲环境和高能耗为代价来换取高速增长,我国每单位 GDP 的增长所要消耗的能源是世界平均水平的 2.2 倍。因此,转变我国经济发展方式客观上要求外贸发展方式也必须随之改变,对外贸易发展战略要积极适应我国经济发展方式转变的需要,促进我国加工贸易向价值链高端攀升,不断提升在全球产业链中的地位。

3)加工贸易与国内产业的关联度低

加工贸易中间产品、材料采取国内采购是加工贸易国内价值链构建的重要组成部分,加工贸易的发展带动国内配套能力增强,但国内采购商品的技术含量低,导致国内采购率还是偏低,与国内产业的关联度不够紧密。我国加工贸易一直以"两头在外""大进大出"的模式扩展,即技术与产品设计、营销与品牌运作在外,我国只从事加工装配的生产制造,走的是一条偏重于数量扩张而忽视质量提升和品牌打造的粗放型增长道路。加工贸易与国内产业关联度低的问题引起国内学者关注,被称为所谓的"飞地效应",具体可以理解为外商在发展中国家没有采用本国的原材料,而仅仅是利用其优惠有利的条件和低廉的要素成本发展加工贸易,这在很大程度上阻碍了加工贸易通过产业关联效应,促进我国产业的升级。我国加工贸易所需的零部件和原材料本地采购率低表现在加工贸易对外资呈现出明显的"外部依附型"的特征,具体表现为:对国外市场和技术的高度依赖,对进口关键零部件和大型机械装备的高度依赖以及对发达国家大型品牌制造企业的高度依赖等,尤其是高技术产品所需的零部件主要依赖于进口。加工贸易所需零部件的本地采购率偏低,不仅不利于国内相关原材料产业的发展,这样的高度依赖还会导致我国加工制造业的承受力减弱,极易受到世界经济和金融危机的冲击。这样长期继续的模式会导致中国加工贸易成为一种"无根产业",当国内劳动力成本或者政策优势减弱的时候,加工贸易产业必然要面临很大的困境,难以前进。我国加工贸易国内采购率低,对外部依赖性强的主要原因有以下几点:一方面,加工贸易所需要的原材料和中间产品的质量要求比较严格,对技术水平的要求明显高于国内相同产品的水平,一般要达到国际标准,这使得国内企业没有能力达到加工贸易国际化水平的要求,更多的只能选择从国外进口。另一方面,外资加工贸易企业的技术水平高,为了适应国际市场的需求,保持国际市场上的竞争力,大多数外资公司会与母公司保持一致的国际先进水平,因此不愿意在国内发展配套产业。同时,出于全球经营战略的考虑,加工贸易企业往往优先考虑国外关联企业的中间产品。这两方面的主要原因使得加工贸易国内采购率一直偏低,从而国内相关产业的联系不够紧密,加工贸易对国内产业的带动作用也较小。因此加工贸易产业与国内相关产业的关联度,不仅关系到中国产业结构的优化调整,还会影响到中国对外贸易持续稳定的发展。

4)加工贸易地区依存度的分布极不平衡,影响我国整体经济实力

我国加工贸易发展的区域格局已经基本形成,外商直接投资主要集中在东部沿海地区,如今这里已经具备了较大的引资规模和较强的资金、技术实力,在吸收国外资金、技术密集型产业投资等方面的优势非常明显。而中西部地区基础设施比较薄弱,投资环境还不够理想,因而导致了引资规模小,加工贸易所占的比重较低。持续的贸易不平衡会加剧地区经济发展的不平衡,最终会影响我国向世界制

造中心迈进的步伐。随着土地、劳动力等要素成本的上升，东部沿海地区的劳动密集型产业的边际收益下降，产业升级、转型的压力和产业转移要求日益增强，从整体情况来看，加工贸易区域分布的比重严重不平衡，导致加工贸易产业在我国一直未能取得突破性的发展，始终徘徊在低水平阶段靠数量求发展。因此需要加大力度促进加工贸易的区域梯度转移，推动东部沿海地区加工贸易的产业转型升级。

近年来，国家出台的促进加工贸易向中西部转移的贸易差别政策，对加工贸易地域转移产生了一定的效果，但产业转移进程还是相对缓慢。从全国强势行业的分布来看，具有竞争实力的加工贸易业仍然处于东部沿海地区；中西部地区的资源与劳动密集型加工贸易产业还是相对的弱势行业，相关企业数量并没有明显的增加，尤其是有发展潜力的西部劳动密集型产业。东部沿海地区加快加工贸易产业转移的紧迫性体现在以下几个方面：第一，东部地区不断上涨的用工成本，对于以成本优势生存的加工贸易企业来说，企业增加的成本会直接影响企业的竞争力。东南亚地区具有竞争力的国家，例如印度、印度尼西亚、越南等国，利用本国低廉的成本优势，纷纷出台优惠的招商引资政策引进加工贸易，对我国加工贸易的发展造成了隐形的威胁。第二，东部地区土地资源相对紧缺，土地价格一路上涨，加工贸易企业成本增加，以加工贸易为主导的外向型经济发展模式开始面临发展的瓶颈，依赖于廉价的土地和劳动力来获利的粗放型经济增长方式已经难以持续。第三，国际市场上各种原材料价格大幅度上涨，我国加工贸易的主要形式是进料加工，持续的经济压力会影响加工贸易企业的经营和利益。由此看来，东部沿海地区的劳动力价格在不断提高，环境资源等方面的承受力也在逐步削弱，当地的劳动密集型产业正在逐渐丧失比较优势，而中西部地区有能力承接加工贸易转移也具备了自身的比较优势。具体表现为：第一，中西部地区自然资源丰富，同时矿产资源品种多、储量大，构成了加工贸易的重要优势。主要的能源有：煤炭、石油、天然气、水力资源等，另外中西部地区农林牧业能为加工贸易的发展提供大量的原材料。第二，东部地区劳动力成本不断上升，而中西部地区发展劳动密集型加工贸易的成本优势特别明显。中西部地区不仅有大量闲置廉价的劳动力，还包括广阔土地的使用和低廉的交易成本。第三，中西部地区已经发展，奠定了一定的工业基础，建立了比较完整的工业体系。近几年，中西部地区的经济增速已经高于东部地区，在能源、矿业、机械装备、特色农业等方面具有了比较优势。第四，中西部地区还具备了相对便利的区位优势。政府对西部大开发和中部崛起的推进，基本实现了中西部地区的基础设施建设，中西部地区与东部中心城市、港口交通便利，铁路、公路、航空建设遍布全国。因此，中西部地区承接劳动密集型产业转移的客观条件已经基本具备，合理有序的加工贸易产业转移对中西部地区的就业、经济以及资源开发，实现地区间的均衡发展产生重要的影响。通过对东中西部的优劣势分析，为我国加工贸易转型升级发展提供现实意义。将劳动密集型加工贸易产业转移到中西部,东部沿海则利用几十年发展积累下的资金、高素质人才和高科技技术水平等关键性要素,向资本密集型产业和技术密集型产业的转型发展。

加工贸易产业区域转移是中国经济结构调整的客观需要,不仅能为东部沿海地区整合优化资源要素创造有利条件,使得沿海地区在继续保持原产业市场竞争优势的基础上,腾出产业空间、资金和人力资本来专业化发展新型和新兴产业,从而达到提升产业水平、优化产业结构的目的;中西部地区还能通过承接产业转移发挥其资源优势和劳动力优势,在扩大中西部地区传统优势产业规模的基础上,通过技术溢出效应发挥产业经济的关联带动效应,从而提升传统优势产业的技术水平,更新优化产业结构。从长远来看,我国依然存在着长期的劳动力要素禀赋优势,继续发挥我国要素禀赋的比较优势,需要合理有序地进行区域间产业转移,这对加快转变全国外贸发展方式,推动区域经济协调发展具有重要意义,符合我国产业结构调整的战略。

任务 3　加工贸易监管

国家以立法的形式明确规定了中国海关的性质与任务。《海关法》规定"中华人民共和国海关是国家的进出关境监督管理机关。海关依照本法和其他有关法律、行政法规,监管进出境的运输工具、货物、行李物品、邮递物品和其他物品,征收关税和其他税、费,查缉走私,并编制海关统计和办理其他海关业务。"

1.3.1　海关的性质

1)海关是国家的行政机构

我国的国家机关包括享有立法权的立法机关、享受司法权的司法机关和享有行政管理权的行政机关。国务院是我国的最高行政机关,海关总署是国务院直属机构。

2)海关是国家进出境监督管理机关

海关履行国家行政制度中的进出境监督管理职能,是国家宏观管理的一个重要组成部分。海关依照有关法律、行政法规,并通过法律赋予的权力,制定具体的行政规章和行政措施,对特定领域的活动开展监督管理,以保证其按照国家的法律规范进行。

海关实施监督管理的范围是进出关境及与之有关的活动,监督管理的对象是所有进出关境的运输工具、货物、物品。

3)海关的监督管理是国家行政执法活动

海关通过法律赋予的权力,对特定范围内的社会经济活动进行监督管理,并对违法行为依法实施行政处罚,以保证这些社会经济活动按照国家的法律规范进行。因此,海关的监督管理是保证国家有关法律、法规实施的行政执法活动。

1.3.2 海关的任务

《海关法》明确规定海关有 4 项基本任务,即监管进出境的运输工具、货物、行李物品、邮递物品和其他物品(以下简称监管),征收关税和其他税费(以下简称征收),查缉走私(以下简称查缉)和编制海关统计(以下简称统计)。

1)监管

海关监管是指海关运用国家赋予的权力,通过一系列管理制度与管理程序,依法对进出境运输工具、货物、物品的进出境活动所实施的一种行政管理。海关监管是一项国家职能,其目的在于保证一切进出境活动符合国家政策和法律的规定,维护国家主权和利益。海关监管不是海关监督管理的简称,海关监督管理是海关全部行政执法活动的统称。

根据监管对象不同,海关监管分为运输工具监管、货物监管和物品监管三大体系,每个体系都有一整套规范的管理程序与方法。

2)征税

征税是海关另一项重要任务。征税工作包括征收关税和进口环节海关代征税。关税是国家中央财政收入的重要来源,是国家宏观经济调控的重要工具,也是世界贸易组织允许缔约方保护其境内经济的一种手段。关税的征收主体是国家,《海关法》明确将征收关税的权力授予海关,由海关代表国家行使征收关税的职能。因此,未经授权,其他任何单位和个人均不得行使征收关税的权力。

关税的课税对象是进出口货物、进出境物品。

3)缉私

查缉走私是海关为保证顺利完成监管和征税等任务而采取的保障措施。查缉走私是指海关依照法律赋予的权力,在海关监管场所和海关附近的沿海沿边规定地区,为发现、制止、打击、综合治理走私活动而进行的一种调查和惩罚活动。

4)统计

海关统计以实际进出口货物作为统计和分析对象,通过收集、整理、加工处理进出口货物报关单或经海关核准的其他申报单证,对进出口货物的品种、数(重)量、价格、国别(地区)、经营单位、境内目的地、境内货源地、贸易方式、运输方式、关别等项目分别进行统计和综合分析,全面、准确地反映对外贸易的运行态势,及时提供统计信息和咨询,实施有效的统计监督,开展国际贸易统计的交流与合作,促进对外贸易的发展。

1.3.3　加工贸易监管模式

海关对保税加工货物的监管模式有两大类:一类是物理围网的监管模式,采用海关特殊区域进行监管(比如重庆西永综合保税区);另一类是非物理围网的监管模式,采用纸质手册管理或计算机联网监管。

所谓物理围网监管,是指经国家批准设立海关特殊监管区域,企业在物理围网的封闭区域内从事保税加工业务,海关在卡口进行监管的监管方式。

非物理围网的监管模式主要有纸质手册管理和联网监管两种。

纸质手册管理是一种传统的监管方式,主要是用加工贸易纸质手册进行合同内容的备案,凭以进出口,并记录进口料件及出口成品的实际情况,最终凭以办理核销结案手续。这种监管方式在海关对保税加工货物监管中曾经起过相当重要的作用,但随着对外贸易的发展和现代科技的发展,这种方式逐渐被联网监管所替代。

联网监管主要是应用计算机手段实现海关对加工贸易企业实施监管,建立电子账册或电子化手册,合同备案、料件进口、产品出口、手册核销等全部环节通过计算机进行。海关管理科学严密,企业通关便捷高效,成为海关对保税加工货物监管的主要模式。这种监管方式又分为两种:一种是针对大型企业的,以建立电子账册为主要标志,以企业为单元进行监管;另一种是针对中小企业的,以建立电子化手册为主要标志,以合同为单元进行管理。

1.3.4　加工贸易监管特征

对各种监管模式的保税加工货物的管理,主要可以归纳为以下5点:

1)商务审批

加工贸易业务须经过商务主管部门审批才能进入海关备案程序。大体上有两种情况:

（1）商务主管部门审批加工贸易合同

加工贸易经营企业在向海关办理加工贸易合同备案设立电子化手册之前，先要到商务主管部门办理合同审批手续。经审批后，凭商务主管部门出具的"加工贸易业务批准证书"和"加工贸易企业经营情况和生产能力证明"两个单证及商务主管部门审批同意的加工贸易合同到海关备案。

（2）商务主管部门审批加工贸易经营范围

加工贸易经营企业在向海关申请联网监管和建立电子账册、电子化手册之前，先要到商务主管部门办理审批加工贸易经营范围的手续，由商务主管部门对加工贸易经营企业与海关联网监管的申请作出前置审批，凭商务主管部门出具的"经营范围批准证书"和"加工贸易企业经营情况和生产能力证明"到海关申请联网监管并建立电子账册、电子化手册。

2）备案保税

加工贸易料件经海关批准才能保税进口。海关批准保税是通过受理备案来实现的。凡是准予备案的加工贸易料件进口时可以暂不办理纳税手续，即保税进口。

纸质手册管理和联网监管下的保税加工货物报关都有备案程序，海关通过受理备案实现批准保税。海关特殊监管区域的保税加工货物报关也有备案程序，主要体现在建立加工贸易电子账册。

海关受理加工贸易料件备案的原则是：

（1）合法经营

所谓合法经营，是指申请保税的料件或保税申请人本身不属于国家禁止的范围，并且获得有关主管部门的许可，有合法进出口的凭证。

（2）复运出境

所谓复运出境，是指申请保税的货物流向明确，进境加工、装配后的最终流向表明是复运出境，而且申请保税的单证能够证明进出基本是平衡的。

（3）可以监管

所谓可以监管，是指申请保税的货物无论在进出口环节，还是在境内加工、装配环节，海关都可以监管，不会因为某种不合理因素造成监管失控。

3）纳税暂缓

国家规定专为加工出口产品而进口的料件，按实际加工复出口成品所耗用料件的数量准予免缴进口关税和进口环节增值税、消费税。这里所指的免税，是指用在出口成品上的料件可以免税。但是在料件进口事先无法确定用于出口成品上的料件的实际数量，海关只有先准予保税，在产品实际出口并最终确定使用在出口成品上的料件数量后,再确定征免税的范围,即用于出口的部分不予征税,不出口的部分征税,然后再由企业办理纳税手续。

4)监管延伸

海关对保税加工货物的监管无论是地点,还是时间,都需要延伸。

从地点上说,保税加工的料件运离进境地口岸海关监管场所后进行加工、装配的地方,都是海关监管的场所。

从时间上说,保税加工的料件在进境地被提取并不是海关保税监管的结束,而是继续,海关一直要监管到加工、装配后复运出境或者办结正式进口手续最终核销结案为止。这里涉及两个期限:

(1)准予保税的期限

准予保税的期限是指经海关批准保税后在境内加工、装配、复运出境的时间限制。

电子化手册管理的保税加工期限,原则上不超过1年,经批准可以延长,延长的最长期限原则上也是1年。具体执行中根据合同期限、加工期限和其他情况而有所变化。

联网监管模式中纳入电子账册管理的料件保税期限,从企业的电子账册记录第一批料件进口之日起到该电子账册被撤销止。

海关特殊监管区域保税加工的期限,原则上是从料件进区到成品出区办结海关手续止。

(2)申请核销的期限

申请核销的期限是指加工贸易经营人向海关申请核销的最后日期。

电子化手册管理的保税加工报核期限是在纸质手册或电子化手册有效期到期之日起或最后一批成品出运后30天内。

电子账册管理的保税加工报核期限,一般以180天为1个报核周期,首次报核是从海关批准电子账册建立之日起算,满180天后的30天内报核;以后则从上一次的报核日期起算,满180天后的30天内报核。

5)核销结关

保税加工货物经过海关核销后才能结关。

保税加工货物的核销是非常复杂的工作。保税加工的料件进境后要进行加工、装配,改变原进口料件的形态,复出口的商品不再是原进口的商品。这样,向海关的报核,不仅要确认进出数量是否平衡,而且还要确认成品是否由进口料件生产。在报核的实践中,数量往往是不平衡的。正确处理报核中发生的数量不平衡问题,是企业报核必须解决的问题。

任务 4 银行保证金台账制度

1.4.1 银行保证金台账的含义

银行保证金台账是指经营加工贸易单位或企业(包括有进出口经营权的贸易公司、工贸公司、国有企业、外商投资企业和经批准可从事来料加工业务的企业)凭海关核准的手续,按合同备案料件、金额向指定银行申请设立加工贸易进口料件保证金台账,加工成品在规定期限内全部出口,经海关核销后,由银行核销保证金台账。这里的指定银行是指加工生产企业主管海关所在地中国银行分(支)行。

现行保证金台账制度是建立在商品分类和企业分类基础上的保证金实转制度。

除国家规定不实施加工贸易保证金台账管理的情形外,其余均纳入保证金台账管理的范围。实施保证金台账管理的措施包括分类管理、空转管理、实转管理。

1.4.2 海关对保证金台账的分类管理

1)对加工贸易商品实行分类管理

为了逐步优化加工贸易产品结构,引导加工贸易向高技术、高附加值方向发展,根据国家产业政策要求,对加工贸易商品实行分类管理,将加工贸易商品分为加工贸易禁止类、限制类和允许类。

分类目录由商务部、海关总署联合发布,实行动态管理。自 1999 年加工贸易银行保证金台账实转制度实施以来,国家有关部门多次修订并完善了加工贸易上的商品分类目录,有力地推动了加工贸易商品结构的健全和完善。

(1)加工贸易禁止类商品

加工贸易禁止类商品,是指根据国民经济发展需要和宏观调控的要求,按照《中华人民共和国对外贸易法》的规定,由商务主管部门、海关等部门发布的关于加工贸易禁止进、出口的商品,以及海关无法实施保税监管的商品。

对加工贸易禁止类商品目录的列名产品,不能开展加工贸易。

(2)加工贸易限制类商品

加工贸易限制类商品,是指进口料件属国内外差价大且海关不易监管的敏感商品。

对限制类商品的加工贸易实行银行保证金台账"实转",也就是涉及此类商品的加工贸易时,企业需要实际缴纳一定金额的保证金。具体而言就是加工贸易企业进口限制类料件时,海关按应征关税和进口环节增值税款收取一定比例的保证金,企业在规定期限内加工出口并办理核销后再将保证金及利息予以返还。

（3）加工贸易允许类商品

加工贸易允许类商品,是指除禁止类和限制类以外的其他商品。

此类商品开展加工贸易如果仅从商品分类的角度来看是不需缴纳"实转"保证金的,也就是说 B 类以上企业对于此类商品的加工贸易业务实施银行保证金"空转"。但开展允许类商品加工贸易的企业最终是否需要缴纳银行保证金,还需要综合考虑加工贸易企业的类别来确定。

2）加工贸易企业实行分类管理

加工贸易企业是加工贸易业务的承担者,从其是否对外签订合同的角度可以划分为加工贸易经营企业和加工贸易加工企业。

经营企业,是指在海关注册登记且负责对外签订加工贸易合同的各类进出口企业和外商投资企业,以及经批准获得来料加工经营许可证的对外加工装配服务公司。

加工企业,是指接受经营企业委托,负责对进口料件进行加工或者装配,且具有法人资格的生产企业,以及由经营企业设立的虽不具有法人资格,但实行相对独立核算并已办理工商营业证(执照)的工厂。

根据《中华人民共和国海关对企业实行分类管理办法》的规定,加工贸易企业可根据其资信情况分为 A、B、C、D 4 个管理类别。海关会同商务部门共同确定加工贸易企业的管理类别,公布 A、C、D 类企业名单,B 类企业则不具体列名单公布。企业管理类别实施动态管理,实时调整。

3）具体分类标准

（1）实施 A 类管理企业的条件

①注册登记两年以上,并且连续半年无走私违规行为记录,连续两年无拖欠海关关税,连续两年加工贸易合同按期核销,进口海关必检商品签订免检协议后两年无申报不实记录。

②向海关提供的单据、证件真实、齐全、有效。

③有正常的进出口业务。

④会计制度完善,财务账册健全,科目设置合理,业务记录真实可信。

⑤指定专人负责海关事务。

⑥连续两年报关单差错率在5%以下。

⑦凡设有存放海关监管货物仓库的企业,其仓库管理制度健全,仓库明细账目清楚,入库单、出库单(包括领料单)等实行专门管理,做到账货相符。

(2)实施C类企业管理的条件

①1年内出现两次违规行为,或偷逃应缴税款5万元人民币以上、不满50万元人民币的。

②拖欠海关税款100万元人民币以下的。

③账册管理混乱,账簿、资料不能真实、有效地反映进出口业务情况的。

④遗失重要业务单证或拒绝提供有关账簿、资料,致使海关无法监管的。

⑤不按照规定办理加工贸易合同核销手续的。

⑥年内报关单差错率在10%以上的。

⑦出借企业名义,供他人办理进出口报关纳税等事宜的。

⑧在进出口经营活动中被商务主管部门给予通报批评或警告等行政处罚的。

(3)实施D类管理企业的条件

①两年内走私偷逃应缴税款50万人民币以上的(多次走私应累计)。

②伪造、涂改进出口许可证或批件的。

③走私国家禁止进出口物品的。

④拖欠海关税款100万元人民币以上的。

⑤利用假登记手册、假报关单、假批件骗取加工贸易税收优惠的。

⑥在承运监管货物的运输工具上私设夹层、暗格的。

⑦被商务主管部门暂停或撤销对外贸易经营许可证的。

⑧已构成走私罪并经司法机关依法追究刑事责任的。

(4)其他企业实施B类管理

企业类别管理的审定由主管海关审核上报,经直属海关核准后下发各有关企业。

1.4.3 加工贸易银行保证金台账的"实转"与"空转"

在对加工贸易商品分类和企业分类的基础上,具体可以将台账管理划分为免设、实转、空转、不予办理4种情况。

1)免设

符合下列条件的可以免予开设银行保证金台账:

①在保税区、出口加工区内开展加工贸易不实行银行保证金台账制度。

②使用A类管理的加工贸易企业,并且符合以下条件之一的,海关可不对其实

行银行保证金台账制度：

a.实行海关派员驻厂监管或者与主管海关实行计算机联网监管并依法开展加工贸易，无走私违规行为的保税工厂。

b.从事飞机、船舶等特殊行业加工贸易的。

c.对年进口总额 3 000 万美元以上，自营生产型企业年出口 1 000 万美元以上，或年加工贸易出口额 1 000 万美元以上的。

根据《企业分类计算机管理程序》对企业代码的设定，对不实行保证金台账制度的企业，该系统设定的类别代码为"AA"。

③使用 A、B 类管理的企业，其合同备案金额在 1 万美元以下（含 1 万美元，金额以海关核定为准）的，无论进口料件是否涉及限制类商品，均不开设台账。

④对外商提供的价值 5 000 美元以下（含 5 000 美元）的辅料，且在规定的 78 种范围内的，由于免予办理"加工贸易登记手册"，因此也不纳入银行保证金台账管理。

2）空转

空转，即需要开设银行保证金台账，但不需要实际缴纳保证金。符合以下条件的适用保证金"空转"：

①适用 A 类管理但不符合免设台账条件的企业，海关对其从事的加工贸易实行银行保证台账"空转"管理。

②适用 B 类管理的企业，其进口料件属于加工贸易允许类商品的，海关也对其实行银行保证金台账"空转"管理。

3）实转

实转，即不但需要开设银行保证金台账，而且需要实际缴纳保证金的情况。符合以下条件的适用保证金台账"实转"：

①适用 B 类管理的企业，其进口料件属于加工贸易限制类商品的，海关对其实行银行保证台账"实转"管理，按合同备案进口料件应征关税和进口环节增值税款的 50% 征收保证金。

②适用 C 类管理的企业，海关对其实行银行保证金台账"实转"管理，按合同备案进口料件应征关税和进口环节增值税税款的 100% 征收保证金。

4）不予办理

不予办理即企业不得办理加工贸易业务的情况，包括：

①适用 D 类管理的企业，海关不予办理新的加工贸易合同备案。

②属于加工贸易禁止类商品的,海关不予办理加工贸易合同备案。

1.4.4　加工贸易银行保证金台账设立与运作流程

1) 台账开设

①加工贸易经营企业向加工企业所在地主管海关申请办理加工贸易货物备案手续。

②符合加工贸易货物备案要求的,海关按备案料件金额签发《银行保证金台账开设联系单》(以下简称《开设联系单》),交经营企业向主管海关所在地中国银行申请办理保证金台账设立手续。企业可以现金、保付保函等多种形式缴纳台账保证金。

③银行根据海关签发的《开设联系单》为加工贸易经营单位开设保证金台账,签发《银行保证金台账登记通知单》。

④经营企业凭银行签发的《银行保证金台账登记通知单》向主管海关办理加工贸易货物备案手续。

2) 台账变更

①当加工贸易合同发生变更时,加工贸易经营企业向主管海关提出变更申请。

②经主管海关审核可以办理合同变更手续的,签发《银行保证金台账变更联系单》,交经营企业前往指定银行办理台账变更手续。

③经营企业前往指定银行办理保证金台账手续。银行审核有关资料后,根据情况签发《银行保证金台账变更通知单》。如涉及增加台账保证金的,企业应予补交,但合同变更后减少的台账保证金暂不退还,待合同结案后予以退还。

④经营企业凭银行签发的《银行保证金台账变更通知单》到海关办理加工贸易合同变更手续。

3) 台账核销

①加工贸易合同执行完毕后,经营企业向主管海关提出核销申请。

②经主管海关审核可以核销结案的,主管海关签发《银行保证金台账核销联系单》,交由企业前往指定银行办理台账核销手续。

③银行凭海关签发的《银行保证金台账核销联系单》办理台账核销手续,签发《银行保证金台账核销通知单》。

需办理台账保证金退还手续的,银行按照活期存款利率计付利息。在合同规定的加工期限内未能出口或经批准转内销的,海关通知银行将保证金转为税款,并由企业支付缓税利息。

④企业凭银行签发的《银行保证金台账核销通知单》到海关办理加工贸易合同核销结案手续。

案　例

2005年7月25日,一加工贸易企业在海关办理一本来料加工登记手册,进口塑料粒子108吨。2005年12月,当事人接公司内销订单,由于库存内销原料不能满足订单生产需要,当事人遂于2005年12月15日到2006年1月17日间,将登记手册项下的144吨库存ABS-FR染色塑料粒子用于内销产品的生产,并于2005年12月29日就以上144吨塑料粒子的外销转内销情况向商务部门提出申请并获批准,但未请海关核准并征税。截至海关核查期间,以上共144吨ABS-FR染色塑料粒子已制成成品入库,其中47.069吨已销往国内。

根据《中华人民共和国海关法》第八十六条第(十)项及国办发(1999)35号文的规定,当事人擅自转让海关监管货物,已构成违反海关监管规定的行为。根据《中华人民共和国海关行政处罚实施条例》的有关规定,事后当事人被处罚人民币20万元整,并责令其补缴税款62万元。

课后习题

一、名词解释

国际贸易　加工贸易　银行保证金台账　空转　实转

二、填空题

1. 国际贸易与国内贸易相比有如下特点:_____、_____、_____。

2. 无论是出口贸易,还是进口贸易,就它们的基本业务程序而言,均可概括为以下3个阶段:_____、_____、_____。

3. 加工贸易基本形式主要有_____、_____。

4. 海关的四项基本任务是_____、_____、_____、_____。

5. 加工贸易监管特征包括_____、_____、_____、_____。

6. 在对加工贸易商品分类和企业分类的基础上,具体可以将台账管理划分为_____、_____、_____、_____4种情况。

三、简答题

1. 出口交易前的准备工作主要包括哪些事项？

2. 进口贸易的基本业务程序是什么？

3. 我国加工贸易发展有哪几个主要阶段？

4. 简述海关的性质。

5. 简述加工贸易的监管模式。

6. 简述海关对保证金台账的分类管理的内容。

项目 2　保税货物与保税制度

任务 1　认知保税货物

2.1.1　保税货物的概念

保税货物,是指经海关批准未办理纳税手续进境,在境内储存、加工、装配后复运出境的货物。保税制度在国际贸易中的广泛应用,使这一制度涉及的保税货物成为进出口货物中的一个重要内容。通关程序与一般进出口货物有着明显区别。保税货物的一般含义是指"进入一国关境,在海关监管下未缴纳进口税捐,存放后再复运出口的货物。"《中华人民共和国海关法》对保税货物的定义是:"经海关批准未办理纳税手续进境,在境内储存、加工、装配后复运出境的货物。"

2.1.2　保税货物的特点

从《中华人民共和国海关法》对保税货物的定义可看出,保税货物具有以下3个特点:

1)特定目的

我国《海关法》将保税货物限定为两种特定目的而进口的货物,即进行贸易活动(储存)和加工制造活动(加工、装配),将保税货物与为了其他目的而暂时进口的货物(如工程施工、科学实验、文化体育活动等)区别开来。

2)暂免纳税

《海关法》第43条规定:"经海关批准暂时进口或暂时出口的货物,以及特准进口的保税货物,在货物收、发货人向海关缴纳相当于税款的保证金或者提供担保后,予以暂时免纳关税。"保税货物未办理纳税手续进境,属于暂时免纳,而不是免税,待货物最终流向确定后,海关再决定征税或免税。

3）复运出境

复运出境这是构成保税货物的重要前提。从法律上讲,保税货物未按一般货物办理进口和纳税手续,因此,保税货物必须以原状或加工后产品复运出境。这既是海关对保税货物的监管原则,也是经营者必须履行的法律义务。保税货物的通关与一般进出口货物不同,它不是在某一个时间上办理进口或出口手续后即完成了通关,而是从进境、储存或加工到复运出境的全过程,只有办理了这一整个过程的各种海关手续后,才真正完成了保税货物的通关。

2.1.3 保税货物的分类

保税货物分为保税加工货物和保税物流货物两大类。

1）保税加工货物

（1）保税加工货物的含义

保税加工货物是指经海关批准未办理纳税手续进境,在境内加工、装配后复运出境的货物。

保税加工货物通常被称为加工贸易保税货物。加工贸易保税货物不完全等同于加工贸易货物。加工贸易货物只有经过海关批准才能够保税进口。经海关批准准予保税进口的加工贸易货物才是保税加工货物。

（2）保税加工货物的范围

保税加工货物包括：

①专为加工、装配出口产品而从国外进口且海关准予保税的原材料、零部件、元器件、包装物料、辅助材料(简称料件)。

②用进口保税料件生产的成品、半成品。

③在保税加工生产过程中生产的副产品、残次品、边角料和剩余料件。

2）保税物流货物

（1）保税物流货物的含义

保税物流货物是指经海关批准未办理纳税手续进境,在境内进行分拨、配送或存储后复运出境的货物,也称为保税仓储货物。

已办结海关出口手续尚未离境,经海关批准存放在海关保税监管场所或特殊监管区域的货物,带有保税物流货物的性质。

（2）保税物流货物的特征

①进境时暂缓缴纳进口关税及进口环节海关代征税,复运出境免税,内销应当

缴纳进口关税和进口环节海关代征税,不征收缓税利息。

②进出境时除国家另有规定外,免予交验进出口许可证件。

③进境海关现场放行不是结关,进境后必须进入海关保税监管场所或特殊监管区域,运离这些场所或区域必须办理结关手续。

（3）保税物流货物的范围

保税物流货物包括:

①进境经海关批准进入海关保税监管或特殊监管区域,保税存储后转口境外的货物。

②已经办理出口报关手续尚未离境,经海关批准进入海关保税监管场所或特殊监管区域存储的货物。

③经海关批准进入海关保税监管场所或特殊监管区域保税存储的加工贸易货物,供应国际航行船舶和航空器的油料、物料和维修用零部件,供维修外国产品所进口寄售的零配件,外商进境暂存的货物。

④经海关批准进入海关保税监管场所或特殊监管区域保税的其他未办结海关手续的进境货物。

任务 2　保税制度基础

2.2.1　保税制度的概念

保税制度是指经海关批准的境内企业所进口的货物,在海关监督下在境内指定的场所储存、加工、装配,并暂缓缴纳各种进口税费的一种海关监管业务制度,即进口货物可以缓缴进口关税和其他国内税,在海关监管下,在指定或许可的场所、区域进行储存、中转、加工或制造,是否征收关税视货物最终进口内销或复运出口而定。

由于对进口货物暂缓征收应征关税,保税制度的主要作用是:简化货物通关手续;减轻企业资金负担,加快资金周转;降低出口成本,增强产品在国际市场上的竞争能力;吸引外来资金;增加外汇收入等。

2.2.2　保税制度的特点

海关根据国家的法律、法规、政策和规范性文件对保税货物实施监管的过程,反映出保税制度具有批准保税(或保税备案)、纳税暂缓、监管延伸、核销结案的特点。

1）批准保税

进境货物可否保税，要由海关依据国家的有关法律、法规和政策来决定。货物经海关批准才能保税进境，这是保税制度的一个十分明显的特点。

海关应当严格按国家法律、法规、政策所规定的条件和程序进行审批（备案）。批准保税的条件原则上有 3 条：

①不受管制，指申请保税的货物除法律、行政法规另有规定外，一般不受国家贸易许可管制，无须提交相关进出口许可证件。

②复运出境，指申请保税的货物流向明确，进境储存、加工、装配后的最终流向表明是复运出境；而且申请保税的单证能够证明进出基本是平衡的。

③可以监管，指申请保税的货物无论在进出口环节，还是在境内储存、加工、装配环节，要符合海关监管要求，必要时海关可要求有关当事人提供担保，以防止因为某种不合理因素造成监管失控。

为了严格审批，海关总署规定了各种保税货物审批的程序和权限。比如保税仓库的审批，规定公共型保税仓库由直属海关受理，报海关总署审批；备料型保税仓库由直属海关审批，报海关总署备案；专用型保税仓库由隶属海关受理，报直属海关审批。

2）纳税暂缓

办理纳税手续，包括办理征税手续和减免税手续。一般进口货物和特定减免税货物都必须在进境地海关或主管地海关办妥纳税手续（包括办妥征税或减免税手续）后才能提取。保税货物在进境地海关凭有关单证不办理纳税手续就可以提取，但是这不等于说保税货物最终均可以不办理纳税手续。

当保税货物最终不复运出境或改变保税货物特性时，需按货物实际进口申报情况小理相应纳税手续。比如加工贸易保税进口货物，因故不能复出口，经批准内销，海关对不能复出口的成品或节余料件等按有关规定对料件进行补税。至于保税货物转为一般贸易进口，"纳税暂缓"的特点更加明显。

3）监管延伸

一般进出口货物，海关监管的时间是自进口货物进境起到办结海关手续提取货物止，出口货物自向海关申报起到装运出境止，海关监管的地点主要在货物进出境口岸的海关监管场所。

保税货物的海关监管无论是时间还是场所，都必须延伸。从时间上说，保税货物在进境地被提取，不是海关监管的结束，而是海关监管的开始，一直要监管到储存、加工、装配后复运出境办结海关核销手续或者正式进口海关手续为止。从地点上说，保税货物提离进境地口岸海关监管场所后，直至向海关办结出口或内销手续止，凡是该货物储存、加工、装配的地方，都是海关监管该保税货物的场所。

4）核销结关

一般进出口货物是放行结关。进出口货物收发货人及其代理人向海关申报后，由海关审单、查验、征税、放行，然后提取货物或装运货物。海关放行，就是一般进出口货物结关的标志。

保税货物进出口报关，海关也加盖"放行章"，并执行放行程序。但是，保税货物的这种放行，只是以单票货物的形式结关，是整个监管过程的一个环节。保税货物只有核销后才能算结关。核销是保税货物监管的最后一道程序。因此，核销是保税制度区别于海关一般进出口货物通关制度的一个重要特点。

保税货物的核销，特别是加工生产类保税货物的核销是非常复杂的工作。储存出境类保税货物和特准缓税类保税货物的核销，相对来说比较简单，因为这两类保税货物无论是复运出境，还是转为进入国内市场，都不改变原来的状态。只要在规定的时间里复运出境或办妥正式进口纳税手续，并且确认复运出境的数量或办妥正式进口纳税手续的数量与原进口数量一致，就可以核销结关。与此相比，加工生产类保税货物进境后要进行加工、装配，改变了原进口料件的形态，复出口的商品不再是原进口的商品。为此，海关核销，不仅要确认进出数量是否平衡，单耗真实可靠，而且还要确认成品是否由进口料件生产、没有擅自串（换）料行为。这两个"确认"大大地加大了核销的难度。因此，核销是保税制度的一个难点。

无论是加工生产类保税货物，还是储存出境类和准予缓税类保税货物，在核销的实践中，数量往往不是平衡的。正确处理各种核销中发生的数量不平衡问题，也是核销结关的前提之一。

2.2.3 保税制度的形式

保税制度按方式和实行区域的不同，有保税仓库、保税工厂、保税区、保税集团、免税商店、保税转口等不同形式。

1）保税仓库

经海关批准，进口货物可以不办理进口手续和较长时间储存的场所。进口货物再出口而不必纳税，便于货主把握交易时机出售货物，有利于业务的顺利进行和转口贸易的发展。

2) 保税工厂

保税工厂是指经海关批准对专为生产出口而进口的物料进行保税加工、装配的工厂或企业。这些进口的原材料、元器件、零部件、配套件、辅料和包装物料等在进口加工期间免征进口税,加工成品必须返销境外。特殊情况需部分内销的,须经海关批准并补征关税。这些物料必须在保税工厂内存放和使用,未经海关许可不得随意移出厂外或移作他用。《中华人民共和国海关对加工贸易保税工厂管理办法》规定了设立保税工厂的条件:凡经国家批准有权经营进出口业务的企业或具有法人资格的承接进口料、件加工复出口的出口生产企业,均可向主管地海关申请建立保税工厂。

3) 保税物流中心

保税物流中心是指封闭的海关监管区域并且具备口岸功能,分 A 型和 B 型两种。A 型保税物流中心,是指经海关批准,由中国境内企业法人经营、专门从事保税仓储物流业务的海关监管场所;B 型保税物流中心,是指经海关批准,由中国境内一家企业法人经营,多家企业进入并从事保税仓储物流业务的海关集中监管场所。

4) 保税区

保税区是指经海关批准专门划定的实行保税制度的特定地区。进口货物进入保税区内可以免征关税,如复出口,也免纳出口税。运入保税区的商品可进行储存、改装、分类、混合、展览、加工和制造等。海关对保税区的监管主要是控制和限制运入保税区内的保税货物销往国内。保税区一般设在港口或邻近港口、国际机场等地方。设立保税区的目的是吸引外商投资、扩大加工工业和出口加工业的发展,增加外汇收入。因此,国家对保税区除了在关税等税收方面给予优惠外,一般还在仓储、厂房等基本设施方面提供便利。

5) 保税集团

保税集团是指经海关批准由多数企业组成承接进口保税的料件进行多次保税加工生产的保税管理形式。对经批准为加工出口产品而进口的物料,海关免征关税。这些保税货物被准许在境内加工成初级产品或半成品,然后再转厂进行深度加工,如此反复多次转厂深加工,直至产品最终出口,对每一次的加工和转厂深加工,海关均予保税。保税集团的特点是海关对转厂加工、多层次深加工、多道生产工序的进口料件实行多次保税,从而有利于鼓励和促进深加工出口,扩大出口创汇,提高出口商品的档次,增加外汇收入。

任务 3 保税制度的发展沿革

保税制度是随着商品经济和国际贸易的发展而产生和发展的。19 世纪中后期,一些发达的资本主义国家为发展本国对外贸易,鼓励出口,对生产出口产品的工厂和企业所进口的原材料实行了保税制度。随着殖民侵略的扩张,保税制度被引入殖民地国家,在一定程度上促进了殖民地经济的发展。

20 世纪,世界各国为促进和鼓励本国对外贸易,特别是出口贸易的发展竞相建立保税制度,其范围也从单纯加工生产的保税扩大到包括商业性质的保税(如转口贸易货物的保税)和进口寄售商品的保税等。在中国,保税制度是随着 19 世纪资本主义国家对中国的殖民扩张和经济侵略而发展起来的。1882 年,为方便和扩大外国商人对华出口贸易,当时的中国海关总税务司、英国人 R. 赫德在上海筹建保税制度。1888 年,第一批保税仓库在上海建立,这是中国保税制度的开始。当时主要是对进口货物的加工、包装等进行保税,随后逐步扩大到其他工业生产性保税和商业性保税。1949 年新中国成立后,在当时的政治、经济条件下,保税制度基本停用。1978 年实行改革开放方针以后,为适应中国对外经济贸易的发展和改善投资环境的需要,保税制度逐步恢复,并不断扩大业务,实行了一些新的保税形式,已成为中国发展对外经贸往来,扩大出口创汇,吸引外资的一项重要措施。

案　例

受损保税货物是否可以放弃?

2006 年 2 月 1 日,园区某企业一辆运送保护膜卷材保税料件的火车由上海行经 312 国道昆山段时突然发生严重追尾事故,致使车内货物抛出,受损严重。企业得知情况后,迅速向海关进行了事故汇报,并同时提出放弃该批保税货物的口头申请。

随后,在海关与企业的沟通中,双方明确了如下 3 个事实:

一、该批保税原料已经在上海申报进口;

二、该批保护膜卷材对生产而言已经完全失去其作为工业原料的使用价值;

三、该批保税货物确已受损。

基于以上事实,企业认为依据《中华人民共和国海关关于加工贸易边角料、剩余料件、残次品、副产品和受灾保税货物的管理办法》(署令第111号)第十一条"加工贸易企业因故无法内销或退运而申请放弃边角料、剩余料件、残次品、副产品或者受灾保税货物的,凭企业放弃该批货物的申请……经海关核实无误后办理核销手续",可以按受灾保税货物申请放弃。

那么,究竟企业的上述观点是否成立呢?该批受损货物是否属于受灾保税货物范畴呢?海关是否可以接受企业的放弃申请呢?对此,海关没有简单以"是"或"否"来答复企业,而是运用WTO磋商机制,站在与企业对等的地位提出了自己的观点:

一、111号令明确规定,受灾保税货物是指加工贸易企业从事加工出口业务中,因不可抗力原因或其他经海关认可的正当理由造成灭失、短少、损毁等导致无法出口的保税进口料件和制品。第九条第二款规定,除不可抗力因素外,加工贸易保税货物发生运输损毁等情况的,海关按照规定予以计征税款和缓税利息后办理核销手续。据此,企业对该批货物负有缴纳税款的义务。

二、民商法中不可抗力(Force Majeure)通常是指买卖合同签订后,不是由于当事人一方的过失或故意,发生了当事人在订立合同时不能预见,对其发生后果不能够避免且不能克服的事件,以致不能够履行合同或不能够如期履行合同。遭受不可抗力一方,可以据此免除履行合同的责任或推迟履行合同,对方无权要求赔偿。不可抗力通常包括两种情况:一是自然原因引起的,如水灾、旱灾、暴风雪、地震等;二是社会因素引起的,如战争、行业罢工、政府禁令等。此次车祸虽是意外事故,却明显不符合上述条件,属于企业内部的一种管理经营风险,因此,该批受损保税货物不属于不可抗力造成的。

三、自保税料件进境报关之日起至成品出口结关之日止,企业负有对其妥善保管与合理加工的责任。如海关贸然接受企业放弃申请,在该批料件使用价值基本丧失的情况下,根据111号令第十一条规定,放弃货物经主管海关核定无使用价值的,由企业自行处理。该处理方式实际是企业对自身应承担责任的一种不合理免责,客观上导致了企业将自身经营管理风险通过放弃条款转嫁给海关。这违背了111号令立法的本意和初衷。

经过一番观点交换与解释以后,企业最终接受了海关对该批受损保税货物放弃申请不予接受的决定,并补缴了税款。

课后习题

一、名词解释

保税货物　暂免纳税　复运出境　保税加工货物　保税区

二、填空题

1.保税货物的三个特点是_____、_____、_____。

2.保税货物分为_____、_____两大类。

3.保税制度具有_____、_____、_____、_____的特点。

4.保税物流中心是指封闭的海关监管区域并且具备口岸功能,分_____和_____两种。

5.经海关批准专门划定的实行_____的特定地区。

三、简答题

1.简述保税物流货物的特征和范围。

2.简述保税制度的概念。

3.简述保税制度的形式。

4.简述保税物流货物的含义。

5.简述我国保税制度的发展过程。

项目 3　保税加工货物报关程序

任务 1　保税加工货物进出口通关

前文中提到,保税加工货物海关监管有一般监管和联网监管两种模式。其报关的流程包括报关前的备案保税阶段、进出境报关阶段和后续核销结关阶段,归纳为三个环节:合同备案、进出境报关、核销结关,如图 3.1 所示。

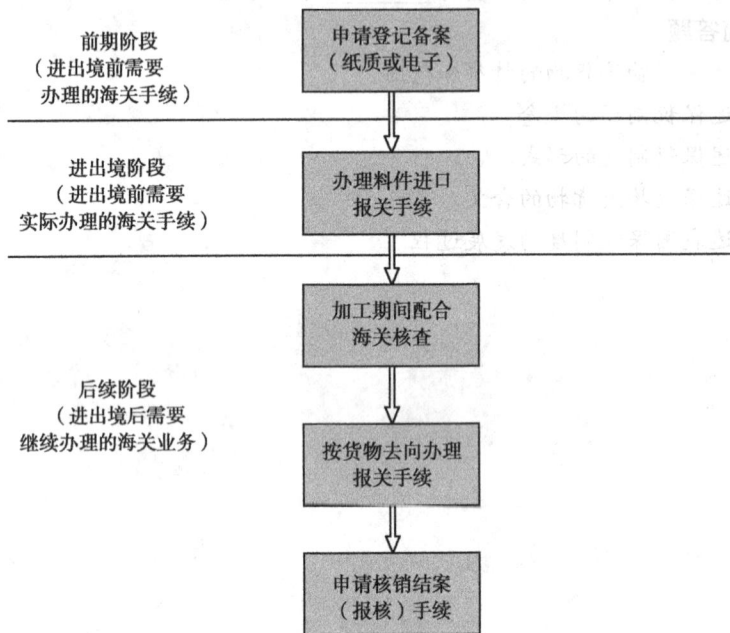

图 3.1　保税加工货物进出口通关流程

3.1.1　纸质手册管理下的保税加工货物及其报关程序

纸质手册管理模式的主要特征是以合同为单元进行监管。其基本程序是先合同备案,再进出口报关,最后合同报核。

1）合同备案的程序

（1）含义

加工贸易合同备案是指加工贸易经营企业持合法的加工贸易合同到加工企业所在地主管海关办理合同备案手续，申请保税并领取加工贸易手册或其他准予备案凭证的行为。

对于符合规定的加工贸易合同，海关在规定的期限内予以备案，并核发手册或其他准予凭证；对于不予备案的合同，海关应当书面告知经营企业。

（2）合同备案的企业

合同备案由经营企业到加工企业所在地主管海关办理加工贸易合同备案手续。经营企业是指负责对外签订加工贸易进出口合同的各类进出口企业和外商投资企业，以及经批准获得来料加工经营许可的对外加工装配服务公司。加工企业是指接受经营企业委托，负责对进口进行加工或者装配，且具有资格的生产企业，以及由经营企业设立的虽不具有法人资格，但实行相对独立核算，且已经办理工商营业证（执照）的工厂。

（3）合同备案的步骤

①经营企业向商务主管部门办理报备或报批手续，经审批后，领取"加工贸易业务批准证""加工贸易企业经营情况和生产能力证明"，需要领取许可证件的，领取许可证。

②将合同相关的内容预录入与主管海关联网的计算机。

③海关审核确定是否准予备案。准予备案的，由海关确定是否需要开设台账。

④向银行办理台账设账手续。

a. 不需要开设台账的，直接向海关领取"加工贸易登记手册"或其他凭证。

b. 需要开设台账的，应向银行办理台账保证金专用账户设立手续。已设立台账保证金专用账户的企业，凭"海关注册登记证明"向银行进行一次性备案登记，如图3.2所示。

（4）合同备案的内容

①备案单证。

a. 商务主管部门签发的"加工贸易业务批准证""加工贸易企业经营情况和生产能力证明"，如表3.1和表3.2所示。

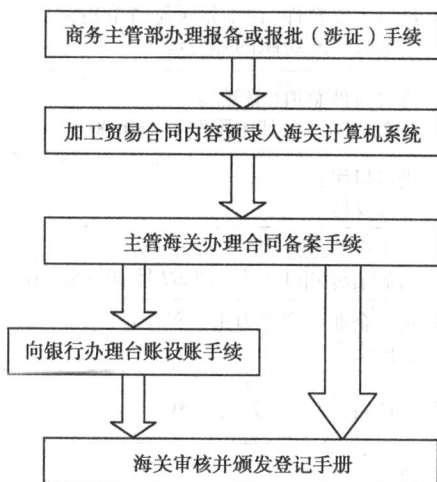

图3.2　加工贸易纸质手册备案流程

b. 加工贸易合同或合同副本。

c. 加工贸易合同备案申请表如表 3.3 所示。

d. 加工贸易合同备案呈报表。

e. 需提供许可证的，交验许可证。

f. 为确定单耗和损耗所需的有关资料。

g. 其他备案所需要的单证。

表 3.1 加工贸易业务批准证

批准证号:青胶南［2012］进字第 00051 号

1. 经营企业名称:		3. 加工企业名称:		
2. 经营企业类型:有限责任公司 经营企业编码:		4. 加工企业类型:有限责任公司 加工企业编码:		
5. 加工贸易类型:进料加工		6. 出口制成品返销截止日期: 2013 年 2 月 19 日		
进 料 加 工	7. 进口合同号: BF0214-027CR	来 料 加 工	10. 合作外商:	
	8. 出口合同号: BF120110X		11. 合同号:	
	9. 客供辅料合同号:		12. 加工费(美元): $0.00	
13. 进口主要料件(详细目录见清单): 聚酰胺-6,6 纺织的弹力丝		16. 出口主要制成品(详细目录见清单): 聚酰胺-6,6 纺织的纱线		
14. 进口料件总值(美元): $122 578.34(其中限制类: $0.00)		17. 出口制成品总值(美元): $299 465.07(其中限制类: $0.00)		
15. 进口口岸: 青开发区		18. 出口口岸: 青开发区		
19. 加工企业地址、联系人、电话: 山东省济南市上海东一路277号 胡静 88139006		20. 加工地主管海关: 黄岛海关		
21. 加工企业生产能力审查单位: 胶南市商务局		22. 经营企业银行基本账户账号: 207811113551		
23. 国产料件总值(美元): $0		24. 深加工 结转金额	转入(美元)	
			转出(美元)	
25. 备注: 　①凭此证批准一个月内办理海关备案及有关事项; 　②批准证内容变更,需在原审批单位办理批准手续; 　③涂改无效。		26. 发证机关签章 同意申请 27. 发证日期:2012 年 02 月 22 日		

商务部监制

表 3.2　加工贸易企业经营情况及生产能力证明

加工贸易经营情况及生产能力证明〔由各类有进出口经营权的生产型企业(含外商投资企业)填写〕

企业名称：					
进出口企业代码：		海关注册编码：		法人代表：	
外汇登记号：		联系电话：		联系传真：	
税务登记号：		邮政编码：		工商注册日期：　年　月　日	
基本账号及开户银行：					
经营企业地址：					
加工企业地址：					
企业类型(选中划"√")：□1. 国有企业　□2. 外商投资企业　□3. 其他企业					
海关分类评定级别(选中划"√")：□A 类　□B 类　□C 类　□D 类　　(以填表时为准)					
(外商投资企业填写)(万$)	注册资本：	累计实际投资总额(截至填表时)：	实际投资来源地：(按投资额度或控股顺序填写前五位国别/地区及累计金额) 1. 2. 3. 4. 5.	外商本年度拟投资额： 外商下年度拟投资额：	
(非外商投资企业填写)(万￥)	注册资本：	资产总额(截至填表时)：	净资产额(截至填表时)：	本年度拟投资额： 下年度拟投资额：	
研发机构数量： □改进型　□自主型　□核心　□外围 研发机构投资总额(万美元)：			是□　否□　世界 500 强公司投资(选择"√") (根据美国《财富》杂志年评结果,主要考察投资主体)		
产品技术水平：□A. 世界先进水平　　□B. 国内先进水平　　□C. 行业先进水平					
累计获得专利情况：　　　1. 国外(　　个)　　2. 国内(　　个)					
企业员工总数：		文化程度:1. 本科以上(　)　2. 高中、大专(　)　3. 初中及以下(　) (在括号内填入人数)			

续表

<table>
<tr><td colspan="4">经营范围:(按营业执照)</td></tr>
<tr><td rowspan="21">上年度</td><td>营业额(万￥)</td><td colspan="2">利润总额(万￥):</td></tr>
<tr><td>纳税总额(万￥):</td><td colspan="2">企业所得税(万￥):</td></tr>
<tr><td>工资总额(万￥)</td><td colspan="2">个人所得税总计(万￥):</td></tr>
<tr><td>加工贸易进出口额(万$):</td><td>出口额(万$):</td><td>进口额(万$):</td></tr>
<tr><td>进料加工进出口额(万$):</td><td>出口额(万$):</td><td>进口额(万$):</td></tr>
<tr><td>来料加工进出口额(万$):</td><td>出口额(万$):</td><td>进口额(万$):</td></tr>
<tr><td>加工贸易合同份数:</td><td>进料加工合同份数:</td><td>来料加工合同份数:</td></tr>
<tr><td>进出口结售汇差额(万$):</td><td>出口结汇额(万$):</td><td>进口售汇额(万$):</td></tr>
<tr><td>进料加工结售汇差额(万$):</td><td>进料加工结汇(万$):</td><td>进料加工售汇(万$):</td></tr>
<tr><td>加工贸易转内销额(万$):</td><td>内销补税额:(万￥含利息)</td><td>来料加工(万$ 工缴费)</td></tr>
<tr><td colspan="3">内销主要原因:□1. 国外市场方面　□2. 国外企业方面　□3. 国外法规调整　□4. 客户
(可多项选择)　□5. 国内市场方面　□6. 国内企业方面　□7. 国内法规调整　□8. 产品质量</td></tr>
<tr><td>深加工结转总额(万$):</td><td>转出额(万$):</td><td>转进额(万$):</td></tr>
<tr><td colspan="3">本企业采购国产料件额(万￥):(不含深加工结转料件和出口后复进口的国产料件)</td></tr>
<tr><td>国内上游配套企业家数:</td><td colspan="2">国内下游用户企业家数:</td></tr>
<tr><td colspan="3">直接出口订单来源:A. 跨国公司统一采购　B. 进口料件供应商　C. 自有客户　D. 其他客户</td></tr>
</table>

上年度加工贸易主要进口商品(按以下分类序号选择"√",每类可多项选择)
大类:□1. 初级产品　□2. 工业制成品
中类:□A. 机电　□B. 高新技术　□C. 纺织品　□D. 工业品　□E. 农产品　□F. 化工产品
小类:□a. 电子信息　□b. 机械设备　□c. 纺织服装　□d. 鞋类　□e. 旅行品、箱包　□f. 玩具 　　□g. 家具　□h. 塑料制品　□i. 金属制品　□j. 其他　□k. 化工产品

上年度加工贸易主要出口商品(按以下分类序号选择"√",每类可多项选择)
大类:□1. 初级产品　□2. 工业制成品
中类:□A. 机电　□B. 高新技术　□C. 纺织品　□D. 工业品　□E. 农产品　□F. 化工产品
小类:□a. 电子信息　□b. 机械设备　□c. 纺织服装　□d. 鞋类　□e. 旅行品、箱包　□f. 玩具 　　□g. 家具　□h. 塑料制品　□i. 金属制品　□j. 其他　□k. 化工产品

生产能力	厂房面积:(平方米)	仓库面积:(平方米)		生产性员工人数:
	生产加工范围:			
	生产规模:(主要产出成品数量及单位)			
	累计生产设备投资额(万$):(截至填表时)			
	上年度生产设备投资额(万$):			
	累计加工贸易进口不作价设备额(万$):(截至填表时)			
企业承诺:以上情况真实无讹并承担法律责任		法人代表签字:	企业盖章 年　月　日	
商务部门审核意见:		审核人:	审核部门签章 年　月　日	
备注:				

说明:1.有关数据如无特殊说明均填写上年度数据;

2.如无特别说明,金额最小单位为"万美元"和"万元";

3.涉及数值、年月均填写阿拉伯数字;

4.只统计本企业既为经营企业又为加工企业的加工贸易业务,受委托的从事加工贸易业务由相关经营企业统计;

5.进出口额、深加工结转额以海关统计或实际发生额为准;

6.此证明自填报之日起有效期为一年。

②备案商品。

a.加工贸易禁止类商品不准备案。

b.备案时需要提供进出口许可证或两用物项进出口许可证的商品(消耗臭氧层物质、易制毒化学品、监控化学品)。

c.备案时需要提供其他许可证件或批准文件的商品(如进出口音像制品、进口工业再生废料等)。

③保税额度。

a.在加工贸易合同项下海关准予备案的料件,包括为履行产品出口合同进口直接用于加工出口产品而在生产过程中消耗掉的数量合理的触媒剂、催化剂、磨料、燃料全额保税。

b.海关不予备案的料件及试车材料、非列名消耗性物料等不予保税,进口时按照一般进口货物照章征税。

④台账制度。

表3.3　加工合同备案申请表

备案申报编号：　　　　　　　　　　　　　　　　　主管地海关：

1.经营单位名称	2.经营单位编码
3.经营单位地址	
4.联系人	5.联系电话
6.加工企业名称	7.加工企业编码
8.加工企业地址	
9.联系人	10.联系电话
11.外商公司名称	12.外商经理
13.贸易方式	14.征免性质
15.贸易国(地区)	16.加工种类
17.内销比例	18.批准文号
19.协议号	
20.进口合同号	21.进口总值
22.币制	
23.出口合同号	24.出口总值
25.币制	
26.投资总额	27.进口设备总额
28.币制	
29.进口口岸	30.进口期限
31.出口期限	
32.申请人	33.申请日期
34.备注	
有关说明(不进电脑)	

按加工贸易银行保证金台账分类管理的原则,实行不转、空转、半实转、实转,如表3.4所示。

表3.4 加工贸易纸质手册银行保证金台账分类管理表

分　类	禁止类	限制类		允许类		1万美元及以下零星料件	5 000美元及以下78种客供辅料
		东　部	中西部	东　部	中西部		
AA类	不准开展加工贸易	空转		不转		不转	不转/免册
A类				空转			
B类		半实转	空转				
C类		实转					
D类		不准开展加工贸易					

注意：

为了简化手续,进口料件金额在1万美元及以下的,AA类、A类、B类企业可以不设台账,即"不转"。

AA类、A类、B类企业进口金额在5 000美元及以下的列名的78种客供服装辅料,不仅可以不设台账,即"不转",还可以免领登记手册,但要向海关备案。

（5）合同备案的凭证

海关受理合同备案后,企业应当申领有海关签章的《加工贸易登记手册》或其他准予备案的凭证。

①加工贸易登记手册。

a.《加工贸易登记手册》:海关为了便于管理加工贸易货物而向从事加工贸易的企业核发的登记册,企业凭此登记册办理进出口货物的备案、报关、报核等程序。

b.加工贸易登记手册的分册:便于企业使用而核发的另一本手册。

注意：

分册可以单独使用,但是必须与手册同时报核。

②其他准予备案的凭证。

对为生产出口而进口的属于国家规定的78种列名服装辅料金额不超过5 000美元的合同,AA类、A类、B类管理企业"免册",直接凭出口合同备案准予保税,经海关签章编号后,进入进口报关阶段（即:"不转/免册"）。

（6）合同备案的变更

①变更合同需报原商务审批部门批准。

②贸易性质不变、商品品种不变、合同变更金额小于1万美元（含1万美元）和延期不超过3个月的合同,直接到海关和银行办理变更手续,不需经商务部门审批。

③原 10 000 美元以下的合同,变更后进口金额超过 10 000 美元,AA 类、A 类、B 类管理的企业,需重新开设台账的,应重新开设台账;东部地区企业的合同金额变更后,进口料件如涉及限制类商品的,加收相应的保证金。

④企业管理类别调整,合同从空转变为实转的,应对原备案合同交付台账保证金;经海关批准,可以只对原合同未履行出口部分收取保证金。

⑤企业类别调整为 D 类的企业,已备案合同经海关批准,交付保证金后继续执行,但是不得再变更和延期。

⑥对允许类商品改为限制类商品的加工合同,已备案的合同不再交付保证金;原允许类和限制类商品改为禁止类商品的,已经备案的合同按照国家即时发布的规定办理。

(7)与合同备案相关的事项

①异地加工贸易合同备案。

异地加工贸易(跨关区异地加工贸易)指一个直属海关的关区内加工贸易经营企业,将进口料件委托另一个直属海关的关区内加工生产企业加工,生产成成品后回收出口的加工贸易。它由经营企业办理备案。

A. 异地加工贸易合同备案的要求。

a. 需要开设银行台账的,应在加工企业所在地指定银行开设台账。

b. 由加工贸易经营企业向加工企业所在地主管海关办理合同备案手续。

c. 海关对开展异地加工贸易的经营企业和加工企业实行分类管理,如果两个企业的管理类别不一样,则按照其中较低的类别管理。

B. 异地加工贸易合同备案的步骤。

第一步:领取关封经营企业凭所在地商务部门核发的"加工贸易业务批准证"和加工企业所在地县级以上商务主管部门出具的"加工贸易加工企业经营状况和生产能力的证明",填制异地加工申请表,向经营企业所在地主管海关提出异地加工申请,海关核准后,领取所在地海关的关封。

第二步:办理合同备案手续。经营企业持"关封"和"合同备案"的有关单证,到加工企业所在地海关办理合同备案手续。

②加工贸易单耗申报。

加工贸易单耗申报是指加工贸易企业在备案时,到货物出口、深加工结转、内销或报核前向海关如实申报加工贸易单耗的行为。其计算公式如下:

单耗 = 净耗/(1 - 工艺损耗率)

单耗是指加工贸易企业在正常加工条件下加工单位成品所耗用的料件量。单耗包括净耗和工艺损耗。

净耗是指在加工后,料件通过物理变化或者化学反应存在或者转化到单位成品中的量。

工艺损耗(包括有形损耗、无形损耗)是指因加工工艺原因,料件在正常加工过程中除净耗外所必需耗用、不能存在或者转化到成品中的量。

单耗申报的具体内容包括:

加工贸易项下料件和成品的商品名称、商品编码、计量单位、规格型号和品质。

加工贸易项下成品的单耗。

加工贸易同一料件有保税和非保税料件的,应当申报非保税料件的比例、商品名称、计量单位、规格型号和品质。

2)进出口的报关

进出境报关程序:申报—配合查验—保税—提取或装运货物。保税加工货物进境报关程序的第三个环节是暂缓纳税即保税。

(1)关于进口许可证管理

①进口料件,免交许可证件。易制毒化学品、监控化学品、消耗臭氧层物质、原油、成品油除外。

②出口成品,属于国家规定应交验许可证件的,出口报关时必须交验许可证件。

(2)关于进出口税收征管

①准予保税加工贸易进口料件,进口时暂缓纳税。

②生产成品出口时,全部使用进口料件生产,不征收关税。

③加工贸易项下应税商品,如果部分使用进口料件,部分使用国产料件加工的产品,则按海关核定的比例征收关税。

④加工贸易出口未锻铝按一般贸易出口货物从价计征出口关税。

3)合同报核

(1)含义

加工贸易合同报核是加工贸易企业在加工合同履行完毕或终止后,按照规定处理完剩余货物,在规定的时间内,按照规定的程序向该企业主管海关申请核销要求结案的行为。

(2)报核的时间

经营企业应在规定的时间内完成合同,并自加工贸易手册项下最后一批成品出口或者加工贸易手册到期之日起30日内向海关申请报核;因故提前终止的合同,自合同终止之日起30日内向海关报核。

（3）报核凭证

①企业合同核销申请表。

②加工贸易登记手册。

③进出口报关单。

④核销核算表。

⑤其他海关需要的材料。

（4）报核步骤

①及时将登记手册和报关单进行收集、整理、核对。

②计算单耗，根据有关账册记录、生产工艺资料等计算合同的实际单耗，并填写核销核算表。

③填核销预录入申请单，办理预录入手续。

④携带报核单证到主管海关报核，填写报核签收"回联单"。

（5）特殊情况报核

①遗失登记手册合同的报核。

登记手册遗失要及时向主管海关报告。主管海关及时移交缉私部门按规定进行处理。缉私部门处理后，企业应该持以下单证向主管海关报核：

a.遗失的书面报告。

b.申请核销的书面材料。

c.加工贸易货物进出口报关单。

d.缉私部门出具的《行政处罚决定书》。

e.海关规定需要收取的其他单证和材料。

②遗失报关单情况。

可以以报关单复印件向原报关地海关申请加盖海关印章后报核。

③不申请登记手册的辅料。

企业直接持进出口报关单、合同、核销核算表报核。

④撤销合同：凭审批件和手册报核。

⑤有违规行为的加工贸易合同，凭海关的相关证明材料办理核销手续。

（6）海关受理报核和核销

①海关审核报核企业申请，不符合规定的，重新报核；符合规定的，受理。

②核销时限：受理之日起20个工作日内完成，经批准可延长10个工作日。

③经过核销情况正常的：

a.未开设台账的：海关应当签发"核销结案通知书"。

b.开设台账的：海关应当签发"银行保证金台账核销联系单"，到银行核销台账，并领取"银行保证金台账核销通知单"，凭以向海关领取核销结案通知书。

3.1.2　电子账册管理下的保税加工货物报关流程

1) 电子账册管理简介

（1）电子账册管理的含义

电子账册管理是指加工贸易企业通过数据交换平台或其他计算机网络方式向海关报送能满足海关监管要求的物流、生产经营等数据，海关对数据进行核对、核算，并结合实物进行核查的一种海关保税加工监管方式。

（2）申请建立电子账册的程序

①联网监管的申请。

先向商务主管部门办理加工贸易经营范围申请手续，再向所在地直属海关提出申请，海关审核后，制发实施联网监管通知书。

②加工贸易业务申请。

由商务主管部门审核加工贸易资格、业务范围和生产能力，由商务主管部门审核后，签发"联网监管企业加工贸易业务批准书"。

③建立商品归并关系与电子账册。

凭"业务批准书"向所在地主管海关申请建立电子账册，再确立商品归并关系，最后建立电子账册。

（3）电子账册的形式及其作用

电子账册包括加工贸易"经营范围电子账册"和"便捷通关电子账册"。"经营范围电子账册"用于检查控制"便捷通关电子账册"进出口商品的范围，不能直接报关。"便捷通关电子账册"用于加工贸易货物的备案、通关和核销。

（4）加工贸易商品的归并与电子账册的关系

归并就是将企业内部管理的"料号级"商品与电子账册备案的"项号级"商品归并或拆分，建立一对多或多对一的对应关系，它是建立电子账册的基础，如图3.3所示。

要归入同一联网监管商品项号必须满足以下条件：

①10 位 HS 编码相同的。

②商品名称相同的。

③申报计量单位相同的。

④规格型号不同但单价相差不大的。

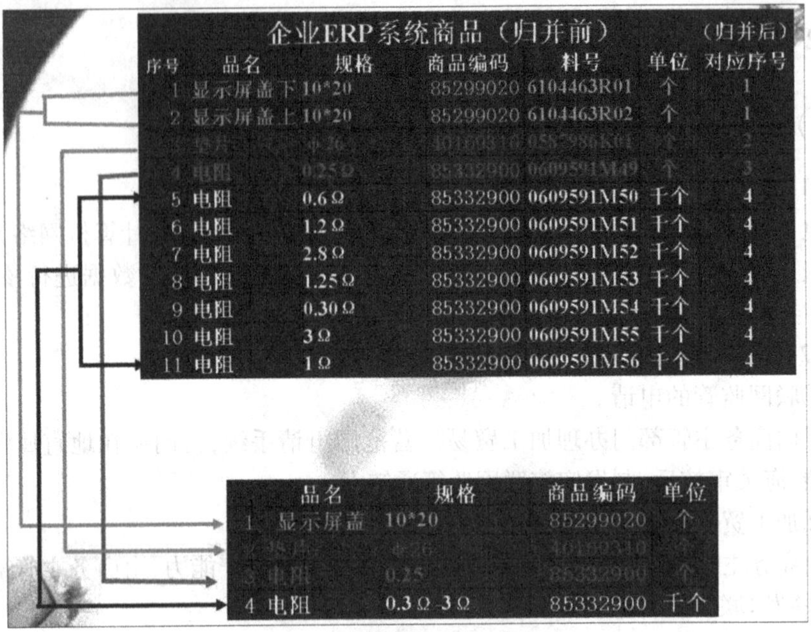

图 3.3　料号级商品归并项号级商品

2) 电子账册报关程序

(1) 备案(图 3.4)

①备案主体。

a. "经营范围电子账册"(IT 账册)备案。

企业凭商务主管部门的批准证通过网络向海关办理"经营范围电子账册"备案手续。

b. "便捷通关电子账册"(E 账册)备案。

企业可通过网络向海关办理"便捷通关电子账册"备案手续。

②备案时间。

料件必须在相关料件进口前备案;成品和单耗关系最迟在相关成品出口前备案;其他备案内容既可同时申请备案,也可分阶段申请备案。

③账册最大周转金额、周转数量。

海关根据企业加工能力设定电子账册最大周转金额,并对部分高风险或需要重点监管的料件设定最大周转数量。电子账册进口料件的金额、数量,加上电子账册余料的金额、数量,不得超过最大周转金额和最大周转数量。

④备案变更。

a. "经营范围电子账册"(IT 账册)变更。

加工贸易企业 　　　　　　　海关

企业凭业务批准书通过网络向海关申请备案

海关审核备案申请，通过网络向企业回复准予备案信息

经营范围电子账册备案（用于检查控制进出口商品范围）

企业收到海关准予备案信息向海关提交纸质业务批准书

海关收到企业呈交业务批准书存档

便捷通关电子账册备案（用于进出口货物备案、通关、报核）

企业在经营范围内通过网络向海关申请备案（一次与分阶段）

海关审核后准予备案并设定最大周围金额和料件最大周转金额

企业获准备案，并建立电子账册

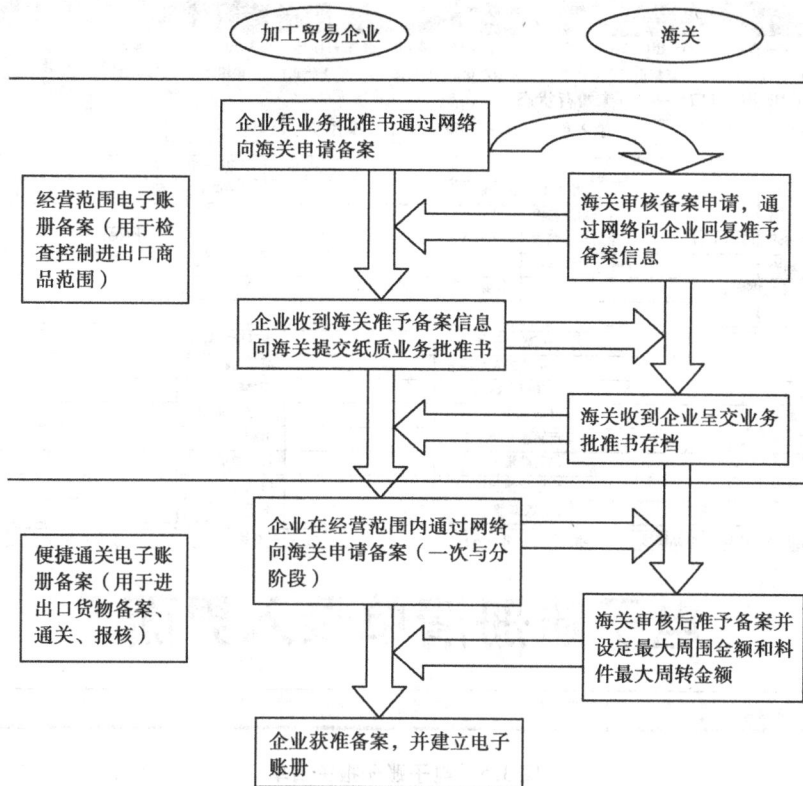

图3.4　电子账册管理的备案流程

企业的经营范围、加工能力等发生变更时,持商务主管部门出具的"联网监管企业加工贸易业务批准证变更证明"等相关书面材料向海关申请变更。

b."便捷通关电子账册"（E 账册）变更。

"E 账册"最大周转金额、核销期限等需要变更时,企业申请,海关批准后直接变更。

"E 账册"基本情况表中的料件、成品发生变化的,只要未超出经营范围和加工能力的,可通过网络直接向海关申请变更。

（2）进出境货物报关

①生成报关清单,如图3.5 所示。

使用"E 账册"办理报关手续,企业应先根据实际进出口情况,从企业系统导出料号级数据生成归并前的报关清单,通过网络发送到电子口岸。进口报关清单填制的总金额不得超过电子账册最大周转金额的剩余值。

②生成报关单。

| 北京海关 | | | | | | | | | |

报关单(1)　转关提前报关(2)　出口二次转关(3)　清单(4)　单据下载(5)　查询/打印(6)　业务统计(7)　功能选择(8)

新增(N)　修改(M)　复制(C)　删除(D)　暂存(S)　打印(P)　上载(U)　申报(R)　导入(I)

清单录入/申报(进口)——未暂存状态

申报地海关　北京关区　　录入单位　北京测试企业0410　　操作员　张丹0601061

清单编号		账册编号			清单企业内部编号	
清单申报日期		报关单预录入号			报关单申报日期	
经营单位编码		经营单位名称			进口口岸	
录入单位编码	192281611	录入单位名称	北京测试企业041012A		录入日期	20061128
申报单位编码		申报单位名称			料件/成品标志	料件
委托预录入企业编码			运输方式	铁路运输	贸易方式	
备注						

商品序号	1	对应账册序号		单耗版本号	
商品货号		对应报关单商品号		商品名称	
商品编码		附加商品编码		归类标志	
商品规格型号		计量单位		法定计量单位	
法定第二计量单位		产销国（地区）		币制	
申报数量		法定数量		第二数量	
企业申报单价		企业申报总价		用途	
征免方式	全免	BOM版本号		备注	

序号	对应账册序号	商品编号	附加编号	商品名称	商品总价	征免方式

电子账册清单录入界面

请输入12位账册编号

图 3.5　电子账册报关清单

电子口岸将企业报送的报关清单根据归并原则进行归并,并分拆成报关单后发送回企业,由企业填报完整的报关单内容后,通过网络向海关正式申报。

③报关单的修改、删除。

不涉及报关清单的可直接进行修改;涉及报关清单的必须先修改报关单,再重新进行归并。报关单申报后,一律不得修改,只能删除。

④报关单填制要求。

a.申报数据与备案数据应当一致。

b.按实际进出口的"货号"(料件号和成品号)填报报关单,并按照货物的实际性质填报监管方式。

c.报关单的总金额不得超过电子账册最大周转金额的剩余值。

d.电子账册若对料件数量进行限制,报关单上该商品的申报数量不得超过其最大周转量的剩余值。

⑤申报方式选择。

联网企业可根据需要和海关规定分别选择有纸报关和无纸报关方式申报。无纸报关的,海关凭同时盖有申报单位和其代理企业的提货专用章的放行通知书办理"提货放行"手续;报关单位凭同时盖有经营单位、报关单位报关同印章的纸质单证办理"事后交单"事宜;有纸报关的,应由本企业的报关员办理现场申报手续。

具体报关流程,如图3.6所示。

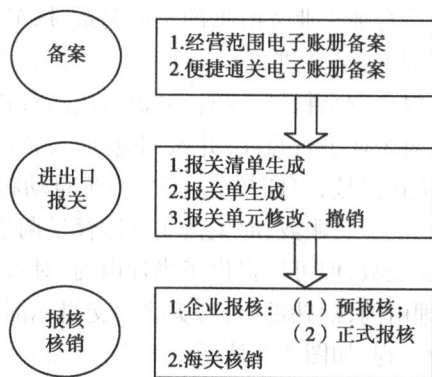

图3.6 电子账册管理的报关程序

(3)报核和核销

①核销形式。

电子账册的核销实行滚动核销的形式,即对电子账册按照时间段进行核销,将某个确定的时间段内企业的加工贸易进出口情况进行平衡核算。

②核销时限。

企业必须在规定的期限内完成报核手续,确有正当理由不能按期的,经主管批准可以延期,但延长期限不得超过60天。

③企业报核。

a.预报核。

企业在向海关正式申请核销前,在电子账册本次核销周期到期之日起30天内,申报的所有电子账册进出口报关数据,以电子报文形式向海关申请报核。

b.正式报核。

企业预报核通过海关审核后,以预报核海关核准的报关数据为基础,填报本期保税进口料件的应当留存数量、实际留存数量等内容,以电子数据向海关正式申请报核。

c.报核问题的处置。

数据不具体:应海关要求,企业需进一步报送料件的各项实际内容。

填报有失误:对比对不相符且属于企业填报有误的,海关可以退单,企业必须重新申报。

库存出差异:海关认定企业实际库存多于应存数,有合理正当理由的,可以计入电子账册下期核销,对其他原因造成的,依法处理。

账册被弃用:企业不再使用电子账册,应向海关申请核销。

④海关核销。

海关进行核销的目的在于掌握企业在某时段所进口的各项保税加工料件的使用、损耗情况,确认是否符合加工业务数据的平衡关系,核销平衡公式如下:

进口保税料件(含深加工结转进口)=出口成品折料(含深加工结转出口)+内销料件+内销成品折料+剩余料件+损耗-退运成品折料

海关根据实际情况对企业进行盘库,并做相应处置:企业报核数据与海关底账数据相符的,海关通过正式报核,打印核算结果,系统自动将本期结余数转为下期期初数;实际库存量多于电子底账数,海关按实际库存量调整电子底账的当期结余数量;库存量少于电子底账数,但可以提供正当理由的,对短缺部分,联网企业按内销处理;不能提供正当理由的,短缺部分,海关将移交缉私部门处理。

电子账册报核作业流程,如图3.7所示。

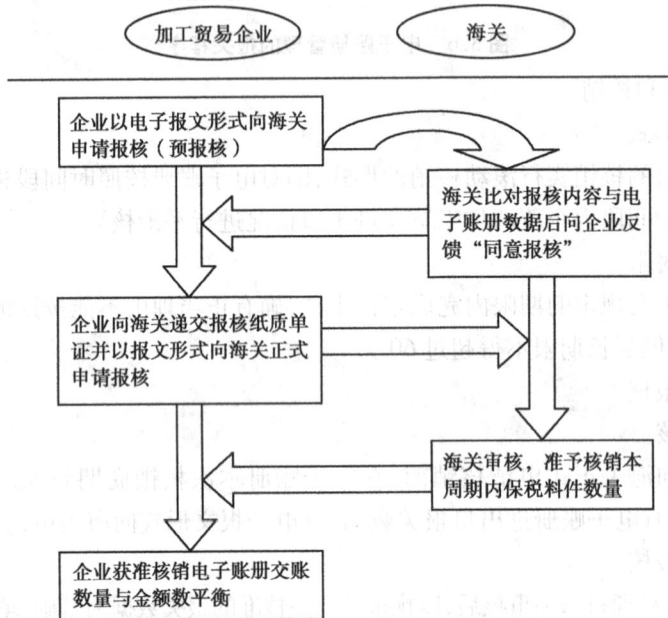

图3.7 电子账册报核的作业流程

任务2 外发加工保税货物报关程序

3.2.1 概念

外发加工是指经营企业因受自身生产特点和条件限制,经海关批准并办理有关手续,委托承揽企业对加工贸易货物进行加工,在规定期限内将加工后的产品运回本企业并最终复出口的行为。外发加工的成品、剩余料件及生产过程中产生的边角料、残次品、副产品等加工贸易货物,经经营企业所在地主管海关批准,可以不运回本企业,如图3.8所示。

加工后成品收回/剩余料件等可以不必运回

图3.8　外发加工流程

3.2.2　海关对于外发加工的管理规定

规定取消了"主要工序"不得外发加工的限制,经营企业开展外发加工业务,不得将加工贸易货物转卖给承揽企业。承揽企业不得将加工贸易货物再次外发至其他企业进行加工。

外发加工的成品、剩余料件以及生产过程中产生的边角料、残次品、副产品等加工贸易货物,经经营企业所在地主管海关批准,可以不运回本企业。

经营企业和承揽企业应当共同接受海关监管。经营企业应当根据海关要求如实报告外发加工货物的发运、加工、单耗、存储等情况。

承揽企业须经海关注册登记,具有相应的加工生产能力。

对外发加工的保税货物总量超出主管商务部门核定的企业年生产能力的50%以上或全部工序外发加工的,企业应使用外发系统办理海关相关手续。

企业开展外发加工业务,需向海关申请备案,获得海关批准,未经批准,不能外发。要对外发数量严格控制,实际外发数量不能超过向海关备案的外发数量,对超过部门需重新备案。

3.2.3　海关不予批准外发加工业务的情形

经营企业或者承揽企业涉嫌走私、违规,已被海关立案调查、侦查,案件未审结的;经营企业或者承揽企业生产经营管理不符合海关监管要求的。

3.2.4　外发加工的流程处理

1)所需条件和文件

①《加工贸易外发加工申请审批表》一式三份(表3.5)。
②《加工贸易外发加工货物外发清单》一式三份(表3.6)。
③《加工贸易外发加工货物运回清单》一式三份(表3.7)。

表 3.5　外发加工申请审批表

关〔20　　〕年第　　号

海关：

　　　　　　公司(工厂)因　　　　　　　　　　　　　　　　　,申请将

手册项下的　　　　　　　　　　等加工贸易货物外发至

公司(工厂)进行加工,整个外发加工过程将严格遵守海关相关规定。外发加工的期限从

　　　　　　　　至　　　　　　　　。

以上申报真实无讹,本公司(工厂)愿意为之承担法律责任。

(经营企业印章)　　　　　　　　(承揽企业印章)

　　年　　月　　日　　　　　　　　　　　　　　　　　年　　月　　日

业务联系人：

联系电话：

传真：

海关批注：

(海关印章)

　　年　　月　　日

备注：

企业签领：

注：本表格一式三份,一份海关留存,一份经营企业留存,一份承揽企业留存。

表 3.6　加工贸易外发加工货物外发清单

项目项号	外发货物						备注
	货物名称	规格型号	数　量	重　量	价　值		
					单　价	总　值	

(企业印章)

　　年　月　日

表 3.7 加工贸易外发加工货物运回清单

项目项号	运回货物						
	货物名称	规格型号	数　量	重　量	价　值		备　注
					单　价	总　值	

（企业印章）

年　　月　　日

④委托加工协议。

⑤外发书面申请及外发工序说明。

⑥承揽企业生产能力证明(有些关区需要外发企业的生产能力证明)。

⑦承揽企业海关注册登记证书(如没有海关注册登记证书,办理海关备案通知书)。

⑧承揽企业营业执照。

⑨承揽企业税务登记证。

⑩保证金计算清单(如需要缴纳保证金的)。

⑪其他海关要求的资料。

以上①、②、③项各一式两份抽回,海关留底一份,加工企业和承揽企业各一份。

2)外发的海关处理

①经营企业和承揽企业应作好外发保税料件和成品的登记,实际外发数量不能超过海关备案数量。

②外发加工的成品、剩余料件以及生产过程中产生的边角料、残次品、副产品等加工贸易货物不运回经营企业,须经属地海关批准。

③须先经海关备案同意再进行外发加工。

3)外发注意事项

(1)外发加工申请审批表(主表)

外发加工期限留空,根据最终审批日期来填写。

(2)委托加工合同或协议

①必须有合同号或协议号。

②必须有双方盖章、代表签字、签订日期。

③合同中要体现外发货物和准备回收货物。

④合同需要有合同有效期。

(3)营业执照复印件

需要复印副本,要体现年检情况。

任务3　加工贸易保税货物深加工结转报关

加工贸易保税货物深加工结转是指加工贸易企业将保税料件加工的产品转至另一个加工贸易企业进一步加工后复出口的经营活动。

知识链接

跨关区异地加工、加工贸易外发加工、加工贸易保税货物深加工结转区别:

①跨关区异地加工材料直接运到关区以外的其他企业进行加工。

②加工贸易外发加工,是将加工的个别工序,委托别的企业进行加工。

③加工贸易保税货物深加工结转:料件在自己的关区内已经完成了加工,然后转到另外一个关区进行进一步的加工。

加工贸易保税货物深加工结转的程序,如图3.9所示。

1)计划备案(计划申报)

转出企业、转入企业向各自的主管海关提交加工贸易保税货物深加工结转申请表,申报结转计划。

①转出企业填写申报表(一式四联)、签章,向转出地海关备案。

②转出地海关备案后,留存一联,其余三联退转出企业,交转入企业。

③转入企业在转出企业备案后20日内,持申请表的其余三联,填写本企业相关内容后签章,向转入地海关备案。

④转入地海关审核后,将申请表第二联留存,第三联和第四联交转入、转出企业凭以办理结转收发货登记及报关手续。

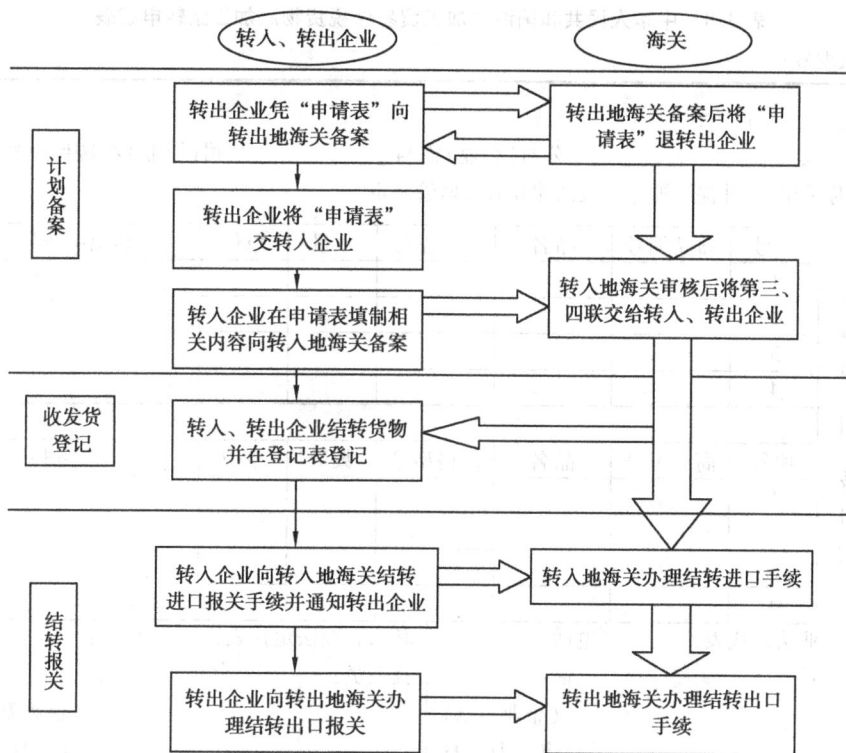

图 3.9 深加工结转流程

2）收发货登记

转出、转入企业在海关备案申请保税货物深加工结转后,应该按照海关核准的计划进行实际发货,并在实际结转情况登记表上如实登记,并加盖企业结转专用章。

3）结转报关

转出、转入企业实际收发货后,应当按照规定办理结转报关手续。

①转出、转入企业应当分别在转出地、转入地海关办理结转报关手续,转出、转入企业可以凭一份《申请表》分批或者集中办理报关手续,转出（入）企业每批实际发（收）货后,应当在 90 日内办结该批货物的报关手续。

②转入企业凭《申请表》《登记表》等单证向转入地海关办理结转进口报关手续,并在结转进口报关后的第二个工作日内将报关情况通知转出企业（表 3.8）。

③转出企业自接到转入企业通知之日起 10 日内,凭《申请表》《登记表》等单证向转出地海关办理结转出口报关手续。

表3.8　中华人民共和国海关加工贸易保税货物深加工结转申请表

申请表编号：

_____海关：

我_____公司（企业）需与_____公司（企业）结转保税货物，特向你关申请，并保证遵守海关法律和有关监管规定。

结转出口货物情况	项号	商品编号	品名	规格型号	数量	单位	转出手册号
	1						
	2						
	3						
	4						
说明							
结转进口货物情况	项号	商品编号	品名	规格型号	数量	单位	转出手册号
	1						
	2						
	3						
	4						

转出企业法定代表：　　　电话： 报关员：　　　　　　　　电话： （企业盖章） 年　月　日	转入企业法定代表：　　　电话： 报关员：　　　　　　　　电话： （企业盖章） 年　月　日
转出地海关： （海关盖章） 年　月　日	转入地海关： （海关盖章） 年　月　日

海关批注	

注：①本表一式四联，第一、二联海关留存，第三、四联企业办理报关手续；②企业须经双方海关同意后，方可进行实际收发货；③结转双方的商品编号必须一致；④企业必须按《申请表》内容进行实际收发货后，方可办理结转报关手续；⑤结转进出口报关单对应的商品项号顺序必须一致；⑥每批收发货后应在90天内办结该批货物的报关手续。

④结转进口、出口报关的申报价格为结转货物的实际成交价格。

⑤一份结转进口报关单对应一份结转出口报关单，两份报关单之间对应的申报序号、商品编号、数量、价格和手册号应当一致。

⑥结转货物分批报关的，企业应当同时提供《申请表》和《登记表》的原件及复印件。

任务4 其他保税加工货物的报关

3.4.1 概念

加工贸易其他保税货物是指生产过程中产生的剩余料件、边角料、残次品、副产品、受灾保税货物和经批准不再出口的成品、半成品、料件等。

①剩余料件:生产过程中剩余的可以继续用于加工制成品的加工贸易进口料件。

②边角料:加工过程中,在海关核准的单耗内产生的无法再用于该合同项下的数量合理的废料、碎料、下脚料等。

③残次品:加工过程中产生的有严重缺陷或者不能达到出口要求的产品(成品、半成品)。

④副产品:加工出口合同规定的制成品时同时产生的、且出口合同未规定应当复出口的一个或一个以上的其他产品。

⑤受灾保税货物:加工过程中因不可抗力原因或海关认可的正当理由造成的损毁、灭失或短少,使得产品无法复出口的保税进口料件或加工产品。

3.4.2 剩余料件的报关

1)内销

加工贸易过程由于市场因素、客户需求等原因,企业可以将原拟外销的产品转为国内销售。

(1)内销的条件

企业内销前必须取得主管部门的有效批准文件。

征税的标的物是保税料件(如内销的是成品,必须折算成原进口料件状态进行征税,并同时计征缓税利息)。

纳税完毕后,企业才可以将货物销售。

(2)内销的流程

①商务主管部门审批。

②加工贸易企业凭加工贸易保税进口料件内销批准证办理内销料件正式进口报关手续。

③缴纳进口税和缓税利息。

（3）内销通关便利措施

金额占该加工贸易合同项下实际进口料件总额3%及以下，且总值在人民币1万元及以下的，免予审批，免交验许可证件。

（4）内销征税的规定

①关于征税的数量：

A.剩余料件和边角料内销：直接按申报数量计征进口税。

B.制成品和残次品：根据单耗关系折算出料件耗用数量计征税款。

C.副产品：按报验状态计征进口税。

②关于征税的完税价格：

A.进料加工：（进口料件、制成品、残次品）内销时——根据料件的原进口成交价格为基础确定完税价格。

B.来料加工：（料件、制成品、残次品）内销时——以接受内销申报的同时或大约同时进口的与料件相同或者类似的货物的进口成交价格为基础确定完税价格。

C.加工企业内销加工过程中产生的副产品或者边角料——以内销价格作为完税价格。

③关于征税的税率：

适用海关接受申报办理纳税手续之日实施的税率。

④关于征税的缓税利息：

除边角料外，均应缴纳缓税利息。

2）结转

货物转让给在同一经营单位、同一加工厂、同样的进口料件和同一加工贸易方式的加工贸易合同。

①结转单证。

②企业申请剩余料件结转的书面材料。

③企业拟结转的剩余料件清单。

④海关按规定需收取的其他单证和材料。

⑤风险控制。

⑥准予结转企业应向海关缴纳相当于拟结转保税料件应缴税款金额的保证金或银行保函。

3）放弃

（1）不予放弃的情形

申请放弃货物属国家禁止或限制进口的废物的。

申请放弃货物属对环境造成污染的。

（2）放弃保税货物应向海关提交的单证

企业放弃货物书面申请。

放弃货物清单。

（3）企业放弃货物的程序

企业应将放弃货物运至海关制定的监管场所。

办结交接手续后海关签发"加工贸易企业放弃加工贸易货物交接单"。

企业凭相关单据办理报关核销手续。

4）退运

加工贸易企业因故将剩余料件、边角料、残次品、副产品等退运出境的，持登记手册等向口岸海关报关，办理出口手续，留存有关报关单备查。

5）销毁

对于不能办理结转或不能放弃的货物，所属货物企业可以申请销毁，海关经核实同意销毁，由企业按规定销毁，必要时海关可以派员监督销毁。企业收取海关出具的销毁证明材料，准备报核。

3.4.3 边角料内销报关

边角料转内销，商务主管部门免予审批，企业直接报主管海关核准并办理内销有关手续。边角料属于加关税配额管理商品，按关税配额税率计征税款，边角料属于加征特别关税的，免于征收需加征的特别关税，其他同剩余料件报关。

3.4.4 残次品内销报关

加工贸易残次品的内销、需要转内销的残次品数量，按 BOM 表折算出耗用的保税料件数量，确定料件的金额；向商务主管部门申领内销批准证件后向海关申请补税；海关开出税单，缴纳完税后，企业就可以将残次品进行销售了；其他同剩余料件报关。

3.4.5 副产品报关

内销、退运、放弃同剩余料件报关。

3.4.6 受灾保税加工货物报关

1）构成加工贸易受灾保税货物的条件

受灾原因：不可抗力或者经海关认可的正当理由。
具体标的物：无法复出口保税进口料件和制成品。
认定的数量范围：灭失、短少、损毁部分。

2）加工贸易受灾保税货物的处理

企业应在灾后 7 日内向主管海关书面报告，提供以下证明材料：
①商务主管部门的签注意见。
②有关主管部门出具的证明文件。
③保险公司出具的保险赔款通知书或检验检疫部门出具的有关检验检疫证明文件。
④海关可视情况派员核查取证。

根据受灾程度，海关对受灾保税货物的征税及许可证件管理依据受灾原因区分管理，如表 3.9 所示。

表 3.9　加工贸易受灾保税货物的分类管理

受灾原因	损失情况	税收管理	许可证件管理
不可抗力	货物灭失或无法再利用的	免税	免证
	虽失去原使用价值但可再利用的	按对应进口料件适用税率计征进口税和缓税利息	
	进口料件属于实行关税配额管理的	按关税配额税率计征	
非不可抗力		按照原进口货物成交价格审定完税价格照章征税	提交相应的许可证件
	关税配额管理的，无关税配额证，按关税配额外适用的税率计征税		

思　考

2012 年 2 月 1 日，苏州工业园区某企业一辆运送保护膜卷材保税料件的货车由上海行经 312 国道昆山段时突然发生严重追尾事故，致使车内货物抛出严重受损。企业得知情况后，迅速向海关进行了事故汇报，并同时提出放弃该批保税货物的口头申请,请问海关会批准吗?

任务5　保税加工报关单的填制

保税加工货物应使用相应的报关单,其填制基本栏目与一般进出口货物相同,本内容就保税加工货物报关单与一般进出口货物报关单栏目中不同的填制规范作介绍,其他相同栏目同一般进出口货物报关单的填制。

3.5.1　进(出)口口岸

1)加工贸易货物

填制货物限定或指定进出口口岸海关名称及代码,限定或指定口岸与货物实际进出口口岸不符合的,应向合同备案主管海关办理变更手续。

2)转关运输货物

进口转关:填报货物进境地海关名称及代码。
出口转关:填报货物出境地海关名称及代码。

3)按转关运输方式监管的跨关区深加工结转货物

进口报关单填写转入地海关名称及代码,出口报关单填写转出地海关名称及代码。

3.5.2　备案号

①加工贸易项下除少量低值辅料按照规定不使用加工贸易手册及其后续退补税监管方式办理内销征税外的货物,本栏目应填写加工贸易登记手册编号,不得为空。

②使用异地直接报关分册和本地深加工结转分册限制在本地报关,本栏目填总册号。

③加工贸易设备之间结转,转入和转出企业分别填制出口报关单,在本栏目填加工贸易手册编号。

④加工贸易成品凭"征免税证明"转为减免税进口货物的,进口报关单填报征免税证明编号,出口报关单填报加工贸易手册编号。部分备案号代码如下:

"A"——备用料件手册;

"B"——来料加工手册；

"C"——进料加工手册；

"D"——加工贸易设备手册；

"E"——便捷通关电子账册；

"F"——加工贸易异地加工手册；

"G"——加工贸易深加工结转手册。

注：大写英文字母为首位代码。

3.5.3 运输方式

特殊运输方式指没有实际进出境的运输方式，其填报要求与实际进出境货物的运输方式不同。

①出口加工区，珠海园区与境内区外之间进出的，区外企业填报"出口加工区"（代码 Z），区内企业填报"其他运输"（代码 9）。

②其他没有实际进出境而是在境内流转的货物，填报"其他运输"（代码 9），如特殊监管区域间的流转货物，特殊监管区域外的加工贸易余料结转、深加工结转、内销等货物。

3.5.4 收/发货单位

①有海关注册编码或加工贸易企业编码的收、发货单位，进口货物报关单的"收货单位"栏或出口货物报关单的"发货单位"栏必须填报中文名称及编码；没有编码的，填报中文名称。

②加工贸易报关单的收入、发货单位应与加工贸易手册的"经营单位"或"加工企业"保持一致。

3.5.5 贸易方式(监管方式)

此栏应根据实际情况按海关规定的"监管方式代码表"选择相应的监管方式简称及代码进行填写，具体填写要求如下：

1）加工贸易项下的进口料件和出口成品

（1）来料加工

适用于来料加工项下进口的料件和加工出口的成品。其监管方式代码"0214"，简称"来料加工"。

（2）进料加工

适用于进料加工项下进口的料件和加工出口的成品。监管方式代码"0615"，简称"进料对口"。

2）加工贸易项下的其他货物

（1）结转

加工贸易料件深加工结转货物，转入、转出企业分别填制进、出口报关单，监管方式填报"来料深加工"（0255）或"进料深加工"（0654）。

加工贸易中，将余料结转到本企业同一加工监管方式下的另一个加工贸易合同，继续加工为制成品后复出口的，应分别填制进、出口报关单，监管方式填报"来料余料结转"（0258）或"进料余料结转"（0657）。

（2）内销

加工贸易加工过程产生的剩余料件、制成品、半成品、残次品及受灾保税货物，经批准转为国内销售，应填制进口报关单，监管方式填报"来料料件内销"（0245）或"进料料件内销"（0644）。

加工贸易边角料内销和副产品内销的，应填制进口报关单，填报"来料边角料内销"（0845）或"进料边角料内销"（0844）。

加工贸易成品凭"征免税证明"转为减免税进口货物的，应分别填制进/出口报关单，出口报关单本栏目填报"来料成品减免"（0345）或"进料成品减免"（0744），进口报关单栏目则按实际监管方式填报。

（3）退运

加工贸易进口料件因品质、规格等原因退运出境，且不再更换同类货物进口的，或加工过程中产生的剩余料件、边角料退运出境的，分别填报"来料料件复出"（0265）、"来料边角料复出"（0865）、"进料料件复出"（0664）、"进料边角料复出"（0864）。

（4）退换

加工贸易保税料件因品质、规格等原因退运出境的，更换料件后复进口的，退运出境报关单和复运进境报关单的监管方式应填报为"来料料件退换"（0300）或"进料料件退换"（0700）。

加工贸易出口成品因品质、规格等原因退运进境，经加工、维修或更换同类商品复出口的，退运进境报关单和复运出境报关单的监管方式应填报为"来料成品退换"（4400）或"进料成品退换"（4600）。

（5）放弃

加工贸易进口料件不再用于加工成品出口，或生产的半成品、成品因故不再出口,主动放弃交由海关处理时,应填制进口报关单,填报"料件放弃"(0200)或"成品放弃"(0400)。

3.5.6 征免性质

加工贸易货物报关单应按照海关核发的"加工贸易手册"中批注的征免性质简称及代码填报。特殊情况填报要求如下:

①加工贸易转内销的货物,按照实际情况填报,如"一般征税"(101)、"科教用品"(401)、"其他法定"(299)等。

②料件退运出口、成品退运进口的货物,本栏目填报"其他法定"(299)。

③加工贸易结转货物,本栏目免于填报。

3.5.7 随附单据

加工贸易内销征税报关单,随附单据代码栏填写"C",随附单证编号栏填写海关审核通过的内销征税联系单号。

3.5.8 标记唛头及备注

①加工贸易结转货物及凭征免税证明转内销的货物,其对应的备案号应填报在"备注"项,如"转至(自)×××××××手册"。

②加工贸易结转类的报关单,应先办理进口报关,并将进口报关单号填入出口报关单"标记唛码及备注"栏注明料件费和工缴费金额。

③其他申报时必须说明的事项,如来料加工出口成品报关单须在"标记唛码及备注"栏注明料件费和工缴费金额。

3.5.9 项号

加工贸易项下进出口货物的报关单,第一行填报报关单中的商品顺序编号,第二行专用于加工贸易、减免税和实行原产地证书联网管理等已备案的审批货物,填报该项商品在"加工贸易手册"中的商品项号、减免税证明或对应的原产地证书上的商品期号,用于核销对应项号下的料件或成品数量。

3.5.10 商品名称、规格型号

加工贸易等已备案的货物,填报的内容必须与备案登记中同项号下货物的商品名称与规格型号一致。

加工贸易边角料和副产品内销、边角料复出口的,应填报其报验状态的名称和

规格型号,属边角料、副产品、残次品、受灾保税货物且按规定需加以说明的,填注规定的字样。

3.5.11 数量及单位

加工贸易等已备案的货物,成交计量单位必须与"加工贸易手册"中同项号下货物的计量单位一致,加工贸易边角料和副产品内销、边角料复出口的,本栏目填报其报验状态的计量单位。

3.5.12 征免

加工贸易货物报关单应根据"加工贸易手册"中备案的征免规定填报;"加工贸易手册"中备案的征免规定为"保金"或"保函"的,应填写"全免"。

加工贸易货物报关单填制实例

资料1:上海土产进出口公司(3122215031)接受南京木材加工厂(320191×××××)的委托,在98TSP—5402SP号合同下进口一批木材,属法检商品。装载货物轮船于2012年9月4日进口,9月16日由上海捷运报关行持B23186200101手册向上海吴淞海关申报,该货列手册第三项。该货物海关计量单位为立方米。

资料2:

INVOICE

Messrs: SHANGHAI N/P I/E CORP　　　　　　　Invoice No. GXM0011A. 98
Shipped Per m. v.　　　　　　　　　　　　　Date. 12　AUG 2012
DA HE/048　　　　　　　　　　　　　　　　　Order No. 06J0032

DESCRIPTION OF DOODS	QUANTITY UNITPRICE	AMOUNT
AUSTRALIA SAW TIMBER	28 BUNDLES 6,956 PIECES 63.9739 M³　　US $ 270.00/M³	CIF SHANGHAI CHINA US $ 17272.95
SHIIPMENT FROM: SYDNEY AUSTRALIA PORT 　　　　　　　TO:SHANGHAI, CHINA Kind Packages & Nos: 28 Bundles In Container Origin　　　　　: Australia HS Code　　　　: 44079990		
CELORYVIEW CORPORATION PTE LTD 　　　　　　Director _____ 　　　　　　E& O. E		PAYMENT: FREE OF CHARGE

资料3：

BILL OF LANDING

YANGMING Marine Transport Corporation

Shipper: GLORYVIEW CORPORATION PTE LITE NO.8, KAKI BUKIT ROAD 2. NO.04-36 RUBY WAREHOUSE COMPLEX. SINGAPORE 417841	Booking No. 10177	B/L No. YMLU140306033
	Export References	
	Forwarding agent reference	
Consignee TO ORDER	Point and Country of Origin of goods SYDNEY. AUSTRALIA	
Notify party SHANGHAI N/P I/E CORP. NO. xx, XXX, PUDONG XINQU SHANGHAI. CHINA. Tel： Fax：	ALSO NOTIFY	
VESSEL Voy No. DA HE V.048 Port of Loading SYDNEY. AUSTRALIA		
Place of Delivery SHANGHAI CHINA		3rd ORIGINAL

PARTICULARS FURNISHED BY MERCHANT

MKS & NOS/CONTAINER NOS	NO OF PKGs	DESCRIPTION OF PACKAGES AND GOODS	NET/GROSS(KGS)
SHIPPER'S LOAD STOW AND COUNT SHIPPER'S DECLARED SEAL NUMBER 2X40' CONTAINERS SAID TO CONTAIN: 28 BUNDLES = 6.956 PCS = 63.9739 M³ AUSTRALIA SAWN TIMBER		G. W. 42222.77 N. W. 41583	
CONTAINER NO. YMLU4434462 FCL/FCL X40 YMLU4297272 FCL/FCL X40			

ON: 08/16/2012

TIEM	NO	CHG	RATED AS	PER	RATE	PREPAID	COLLECT	
								The reciept custody, carriage and delivery of the goods are subject to terms appearing on the face and back of and to carrier's applicable tariff. In witness where of the number of original bills of lading all the same tenor and date one of which being accomplished the others to stand void. THE MALAY SATES SHIPPING CO PTE II AS AGENT FOR THE BARRIER YANGMING By _____
				FREIGHT AS ARRANGED				

Te of exchange	0.0000				
Number of Original B(s)L	THREE	Total			

No, 8, Kch; Bibil Road:

填写进口报关单如下：

中华人民共和国海关进口货物报关单

预录入编号： 海关编号：

进口口岸 吴淞海关 2201	备案号 B23186200101		进口日期 20060904	申报日期
经营单位 上海土产进出口公司 3122215031	运输方式 2		运输工具名称 DAHE/048	提运单号 YMLU140306033
收货单位 南京木材加工厂 320191××××	贸易方式 来料加工		征免性质 来料加工	征税比例
许可证号	起运国（地区） 澳大利亚		装货港 悉尼	境内目的地 32019
批准文号	成交方式 CIF	运费	保费	杂费
合同协议号 98TSP-5402SP	件数 28	包装种类 捆	毛重（千克） 42 222.77	净重（千克） 41 583
集装箱号 YMLU4434462/40/××××	随附单据 A：××××××××××		用途 加工返销	
标记唛码及备注 YMLU4297272/40/×××× 　　7：2100-2007-00718				

项号	商品 编号	商品名称、 规格型号	数量及 单位	最终目的 国（地区）	单价	总价	币制	征免
01 03	44079990	木材	63.973 9 立方米	澳大利亚	270	17 272.95	USD	全免

税费征收情况

录入单位	兹声明以上申报无讹并承担 法律责任 申报单位（签章）	海关审单批注及放行日期（签章） 审单　　　　　审价	
		征税　　　　　统计	
邮编　　　电话　　　填制日期		查验　　　　　放行	

任务6 出口加工区及其货物的报关程序

3.6.1 出口加工区简介

1)含义

出口加工区是指经国务院批准在我国境内设立的,由海关对保税加工进出口货物进行封闭式监管的特定区域。

2)功能

出口加工区具有从事保税加工、保税物流及研发、检测、维修等业务的功能。出口加工区内设置出口加工企业、仓储物流企业,以及海关核准专门从事区内货物进、出的运输企业。

3)管理

①区内不得经营商业零售,不得建立营业性的生活消费设施。

②与海关实行电子计算机联网,进行电子数据交换。

③加工区与境外进出的货物,除国家另有规定外,不实行进出口许可证件管理。因国内技术无法达到产品要求,须将国家禁止出口商品运至出口加工区内进行某项工序加工的,应报商务主管部门审批,海关比照来料加工管理办法进行监管,其运入出口加工区的货物,不予签发出口退税报关单。

④境内区外进入出口加工区视同出口,办理出口手续,可以办理出口退税(进区办出口)。

⑤从境外运入出口加工区的加工贸易货物全额保税,出口加工区区内开展加工贸易业务,不实行"加工贸易银行保证金台账"制度,但适用电子账册管理,实行备案电子账册滚动累扣,核扣,每6个月核销一次。

⑥出口加工区内企业从境外进口的自用的生产、管理所需设备、物资,除交通车辆和生活用品外,予以免税。

3.6.2 报关程序

出口加工区在进出口货物之前,应向出口加工区主管海关申请建立电子账册,包括"加工贸易电子账册(H账册)"和"企业设备电子账册"。

1) 与境外之间进出境货物的报关

出口加工区企业从境外运进货物或运出货物到境外,由收发货人填写"进出境货物备案清单",向出口加工区海关报关。跨关区进出境的出口加工区货物,除邮递物品、个人随身携带物品、跨关区进口车辆和出区在异地口岸拼箱出口货物以外,按"转关运输"中的直转转关方式办理转关。对于同一直属海关的关区内进出境的出口加工区货物,可以按直通式报关。

(1)境外货物运入出口加工区采用直转转关办理转关手续

①货物到港后,收货人或其代理人向口岸海关录入转关申报数据,并持"进口转关货物申报单""汽车载货登记簿"向口岸海关物流监控部门办理转关手续。

②口岸海关审核同意企业转关申请后,向出口加工区海关发送转关申报电子数据,并对运输车辆进行加封。

③货物运抵出口加工区后,收货人或其代理人向出口加工区海关办理转关核销手续。

④出口加工区海关物流监控部门核销"汽车载货登记簿",并向口岸海关发送转关核销电子回执。

⑤收货人或其代理人录入"出口加工区进境货物备案清单",向出口加工区海关提交运单、发票、装箱单、电子账册编号、相应的许可证件等单证办理进境报关手续。

⑥出口加工区海关审核有关报关单证,确定是否查验。

A. 对不需查验的货物予以放行。

B. 对查验的货物,由海关实施查验后,再办理放行手续,签发有关本案清单证明联。

(2)出口加工区货物运出境外,采用直通式报关

①发货人或其代理人录入出口加工区出境货物备案清单,向出口加工区海关提交运单、发票、装箱单、电子账册编号等单证,办理出口报关手续。

②同时向出口加工区海关录入转关申报数据,并持出口加工区出境货物备案清单、"汽车载货登记簿"向出口加工区海关物流监控部门办理出口转关手续。

③出口加工区海关审核同意企业转关申请以后,向口岸海关发送转关申报电子数据,并对运输车辆进行加封。

④货物运抵出境地海关后,发货人或其代理人向出境地海关办理转关核销手续。

⑤出境地海关核销"汽车载货登记簿",并向出口加工区海关发送转关核销电子回执。

⑥货物实际离境后,出境地海关核销清洁载货清单并反馈出口加工区海关。

⑦出口加工区海关凭以签发有关备案清单证明联。

2)出口加工区与境内区外其他地区之间进出货物报关

(1)出口加工区货物运往境内区外(出区进入国内市场)

出口加工区货物运往境内区外的货物,按照对进口货物的有关规定办理报关手续。

①由区外企业录入进口货物报关单,凭发票、装箱单、相应的许可证件等单证向出口加工区海关办理进口报关手续。

②进口报关结束后,区内企业填制出口加工区出境货物备案清单,凭发票、装箱单、电子账册编号向出口加工区办理出区报关手续。

③出口加工区海关放行货物后,向区外企业签发进口货物报关单付汇证明联,向区内企业签发出口加工区出境货物备案清单收汇证明联。

④出口加工区内企业内销加工制成品,以接受内销申报的同时或大约同时进口的相同或类似货物的进口成交价格为基础确定完税价格。

⑤内销加工过程中产生的副产品,以内销价格作为完税价格,由区外企业缴纳进口关税和海关代征税,免交缓税利息,属于许可证管理的商品,应向海关出具有效的进口许可证。

A.出口加工区企业内销加工制成品,以海关接受内销申报的同时或大约同时进口的相同或类似货物进口成交价格为基础审查确定完税价格。

B.内销的副产品,以内销价格作为完税价格,由区外企业缴纳进口关税和进口环节海关代征税,免于交付缓税利息。属许可证件管理的,出具有效的进口许可证件。

C.出口加工区内企业产生的边角料、废品、残次品等原则上应复运出境,如出区内销按照对区外其他加工贸易货物内销的相关规定办理:

a.边角料、废品内销,海关按照报验状态归类后适用的税率和审定的价格计征税款,免予提交许可证件。

b.边角料、废品以处置方式销毁的,或者属于禁止进口的固体废物需出区进行利用或者处置的,区内企业持处置单位的"危险废物经营许可证"复印件以及出口加工区管委会和所在地地(市)级环保部门的批准文件向海关办理有关手续。

c.对无商业价值且不属于禁止进口的固体废物的边角料和废品,需运往区外以处置之外的其他方式销毁的,应凭出口加工区管委会的批件,向主管海关办理出区手续,海关予以免税,并免予核验进口许可证件。

d.残次品出区内销,按成品征收进口关税和进口环节海关代征税,属于进口许可证件管理的,企业应向海关提交相应许可证件;对属于《法检目录》内的出区内销残次品,须经出入境检验检疫机构按照国家技术规范的强制性要求检验合格后方可内销。

D. 出口加工区内企业在需要时,可将有关模具、半成品运往区外进行加工生产,应报经出口加工区主管海关关长批准,由接受委托的区外企业,向加工区主管海关缴纳货物应征关税和进口环节增值税等值的保证金或银行保函后方可处理出区手续。加工产品完毕后,加工产品应按期(一般为6个月)退回出口加工区,区内企业向出口加工区主管海关提交运出出口加工区时填写的"委托区外加工生产书"及相关单证,办理验放核销手续。

加工区主管海关办理验放核销手续后,退换保证金或撤销保函。

E. 出口加工区区内使用的机器、设备、模具和办公用品等,需运往境外进行维修、测试或校验时,区内企业或管理机构应向海关提出申请,并经主管海关核准、登记、查验后,方可出区维修、测试或校验。

区内企业将模具运往境内区外维修、测试或检验时,应留存模具所生产产品的样品,以备海关对运回出口加工区的模具进行核查;按"修理物品"监管,不得用于境内区外加工和使用。

F. 运往境内区外维修、测试或检验的机器、设备、模具和办公用品等,不得用于境内区外加工生产和使用;应自运出之日起60天内运回加工区,因特殊情况不能如期运回的,区内企业应于期限届满前7天内,向主管海关说明情况,并申请延期。申请延期以1次为限,延长期不得超过30天。

G. 运往境内区外维修的机器、设备、模具和办公用品等,运回加工区时,要以海关能辨认其为原物或同一规格的新零件、配件或附件为限,但更换新零件、配件或附件的,原零件、配件或附件应一并运回出口加工区。

(2)境内区外货物运入出口加工区

境内区外运往出口加工区的货物,按照对出口货物的有关规定办理报关手续。由区外企业录入出口货物报关单,凭购销合同(协议)、发票、装箱单等单证向出口加工区海关办理出口报关手续。

出口报关结束后,区内企业填制出口加工区进境货物备案清单,凭购销发票、装箱单、电子账册编号等单证向出口加工区海关办理进区报关手续。

出口加工区海关查验、验放货物后,向区外企业签发出口货物报关单收汇证明联和出口退税证明联,向区内企业签发出口加工区进境货物备案清单付汇证明联。

从境内区外运进加工区供区内企业使用的国产机器、设备、原材料、零部件、元器件、包装物料、基础设施,加工企业和行政管理部门生产、办公用品所需合理数量的基建物资等,按照对出口货物的管理规定办理出口报关手续,海关签发出口报关单退税证明联(不予退税的基建物资除外)。境内区外企业依据出口货物报关单退税证明联向税务部门办理出口退(免)税手续。

(3)出口加工区深加工结转货物报关

①含义。

这是指出口加工区内企业经海关批准并办理相关手续,将本企业加工生产的产品直接或通过保税仓库企业转入其他出口加工区、保税区等海关特殊监管区域内及区外加工贸易企业进一步加工后复出口的经营活动。

②报关规范。

A.出口加工区企业开展深加工结转时,转出企业凭出口加工区管委会批复,向所在地的出口加工区海关办理备案手续后方可开展货物的实际结转;对转入其他出口加工区、保税区等海关特殊监管区域的,转入企业凭其所在区域管委会的批复办理结转手续,对转入出口加工区、保税区等海关特殊监管区域外加工贸易企业的,转入企业凭商务主管部门的批复办理结转手续。

B.对结转至海关特殊监管区域外加工贸易企业的货物,海关按照对保税加工进口货物的有关规定办理手续。

C.结转产品如果属于加工贸易项下进口许可证管理商品的,企业应向海关提供相应的有效的许可证件。

D.对转入海关特殊监管区域的,转出、转入企业分别向自己的主管海关办理结转手续,对转入海关特殊监管区域外加工贸易企业的,转出、转入企业在转出地主管海关办理结转手续。

E.对转入海关特殊监管区域的深加工结转,除特殊情况外,比照转关运输方式办理结转手续;不能按照转关运输方式办理结转手续的,在向主管海关提供相应的担保后,由企业自行运输。

③对转入特殊监管区域外加工贸易企业的深加工结转报关程序如下:

A.转入企业在"中国海关出口加工区深加工结转申请表"(一式四联)中填写本企业的转入计划,凭申请表向转入地海关备案。

B.转入地海关备案后,留存申请表第一联,其余三联退还转入企业送交出口加工区转出企业。

C.转出企业自转入地海关备案之日起30天内,持申请表其余三联,填写本企业的相关内容后,向主管海关办理备案手续。

D.转出地海关审核后,留存申请表第二联,将第三联、第四联分别交给转出企业、转入企业。

E.转出、转入企业办理结转备案手续后,凭双方海关核准的申请表进行实际收发货。转出企业的每批次发货记录应当在一式三联的"出口加工区货物实际结转情况登记表"上如实登记,转出地海关在卡口签注登记表后,货物出区。

F.转出、转入企业每批实际发货、收货后,可以凭申请表和转出地卡口海关签注的登记表分批或集中办理报关手续。转出、转入企业每批实际发货、收货后,应当在实际发货、收货之日起 30 天内办结该批货物的报关手续。转入企业填报结转进口货物报关单,转出企业填报结转出口备案清单。

一份结转进口货物报关单对应一份结转出口备案清单。

区内转出的货物因质量不符等原因发生退运、退换的,转入企业为特殊监管区域以外的加工贸易企业的,按退运货物或退换货物办理相关手续。

④出口加工区机器设备出区办理。

A.从境外进入出口加工区的特定减免税设备。

a.从境外进入出口加工区按规定予以免税的机器设备,海关在规定的监管年限内实施监管。监管年限自货物进境放行之日起计算,期限 5 年。使用完毕,原则上应退运出境。

b.需要在监管年限内出区内销的,海关按照特定减免税货物的管理规定征收税费。监管年限届满的,出区时不再征收税款。从境外进入出口加工区时免于提交机电产品进口许可证的,其出区时,海关凭与其入境状态一致的机电产品进口许可证验放。

c.在监管年限内转让给区外进口同一货物享受减免税优惠待遇的企业的,由区外企业按照特定减免税货物的管理规定办理进口手续,监管年限继续计算。

如出区转为加工贸易不作价设备的,由区外企业按照加工贸易不作价设备的管理规定办理进口手续,监管年限继续计算。

B.从境内区外采购入区予以退税的机器设备。

a.从境内区外采购入区予以退税的机器设备如需内销出区,在办理进口手续时,按照报验状态征税,免于提交相应的进口许可证件。

b.从境内区外采购入区的海关监管年限内的特定减免税进口的机器设备和加工贸易不作价设备,监管年限继续计算,监管年限届满的,出区时不再征税。在海关监管年限内的,出区时按照海关特定减免税货物的管理规定征收税款。

案 例

上海某专营进料加工集成电路块出口的外商投资企业 A 公司是适用海关 B 类管理的企业。该企业于 2011 年 3 月对外签订了主料硅片(非限制类商品)等原材料的进口合同,按合同,企业 30% 加工成品内销,70% 加工成品外销,原料 4 月底交货。6月份与境外商人订立了集成电路块出口合同,交货期为10月底。9月底产品全部储运。

作为A公司的报关员,要完成这个进料加工报关业务,须进行的工作任务:

任务一:外销部分须申领登记手册,如何去领?

任务二:办理主料进口报关,如何办理?

任务三:办理成品出口手续,如何办理?

任务四:办理合同核销手续,如何办理?

课后习题

一、选择题(每题至少有1个正确选项)

1. 保税加工货物内销,海关按规定免征缓税利息的是( )。

   A. 副产品　　　　B. 残次品　　　　C. 边角料　　　D. 不可抗力受灾保税货物

2. 下列哪一选项不属于海关非物理围网监管模式的监管?( )

   A. 来料加工企业和进料加工企业

   B. 保税工厂

   C. 保税集团

   D. 出口加工区

3. 加工贸易保税期限表述正确的是下列哪些选项?( )

   A. 实行纸质手册管理的料件保税期限,原则上不超过1年,经批准可以申请延长,延长最长期限原则上也是1年。

   B. 实行电子账册管理的料件保税期限,从企业电子账册记录第一批料件进口之日起到该电子账册撤销止。

   C. 实行电子手册管理的料件,原则上不超过1年,经批准可以申请延长,延长最长期限原则上也是1年。

   D. 出口加工区保税加工的保税期限,原则上是从加工贸易料件进区到加工贸易成品出区办结海关手续止。

4. 银行根据海关签发的哪一选项文件,对加工贸易企业设立"银行保证金台账"?( )

   A. 银行保证金台账通知书　　　B. 设立银行保证金台账联系单

   C. 银行保证金台账核销联系单　　D. 银行保证金台账变更联系单

5. 下列哪一商品在加工贸易企业向海关备案时应提交进口许可证? ( )

    A. 毛豆油　　　　B. 消耗臭氧层物质　　　C. 蒸馏酒　D. 钢材

6. 加工贸易经营单位委托异地生产加工企业加工产品出口,应当向哪一海关办理合同备案手续? ( )

    A. 加工企业所在地主管海关　　　B. 经营单位所在地主管海关

    C. 海关总署　　　　　　　　　　D. 进口料件进境地海关

7. 某 C 类管理的企业,与外商签订进口 1 000 美元的服装拉链(属于列明的 78 种辅料)加工贸易合同,用以加工产品出口,应( )。

    A. 设台账、实转、发手册　　　　B. 设台账、实转、免手册

    C. 不设台账、发手册　　　　　　D. 不设台账、免手册

8. 下列是关于加工贸易企业设立银行保证金的表述,哪些选项是正确的? ( )

    A. 适用 B 类管理的企业经营允许类的商品,银行保证金台账"空转",经营限制类的商品按照料件应缴税款 50% 付银行保证金。

    B. 适用 C 类管理的企业,经营加工贸易允许类和限制类商品,实行保证金台账"实转"。

    C. 适用 A,B 类管理的企业,在出口合同中,由外商提供的 78 种列明辅料金额不超过 10 000 美元,不设银行保证金台账。

    D. 适用 C 类企业在出口合同中,由外商免费提供的 78 种列明辅料金额不超过 5 000 美元,不设银行保证金台账。

二、案例题

题一:注册于上海的某加工贸易经营企业(属海关 A 类管理企业)与韩国一电子企业签订了一份来料加工合同,委托苏州某加工企业(属海关 B 类管理企业)进行加工。在料件进口前,该企业已向海关办理了加工贸易合同登记备案手续。2011 年 3 月 6 日企业购进的料件(限制类)从上海海关申报进境,进境后随之运到加工企业进行加工。一个月以后由于国际市场需求变化,该企业的进口料件生产的部分半成品在经过批准后内销到国内市场。企业持相关批文于 2011 年 4 月 19 日向海关办理了内销申报手续。剩余的加工成品,企业于 2011 年 5 月 5 日返销出口,企业在成品出口后向海关核销结案。

根据上述案例,回答下列问题。

1. 该加工企业应( )。

    A. 设保证金台账,实转

B. 设保证金台账,付应征税款的 50% 为保证金

C. 不设保证金台账

D. 设保证金台账,空转

2. 海关在对该项跨关区异地加工贸易合同进行分类管理时,应该按照(　　)进行管理。

A. A 类　　　　B. B 类　　　　C. C 类　　　　D. D 类

3. 题中申报内销的货物应适用于(　　)的税率。

A. 2011 年 3 月 6 日　　　　　　B. 2011 年 4 月 19 日

C. 2011 年 5 月 5 日　　　　　　D. 以上都不对

4. 该来料加工合同应该向(　　)办理加工贸易合同登记备案。

A. 上海海关　　B. 苏州海关　　C. 海关总署　　D. 三者都要办理

5. 企业在合同报核时应提交的单证为(　　)。

A. 企业合同核销申请表

B. "加工贸易保税进口料件内销批准证"

C. "加工贸易登记手册"

D. 进出口报关单

题二:江西南昌出口加工区某企业履行进料加工合同,料件从上海口岸进口,同时从境外与境内区外各购进加工设备 1 台。加工中因工艺原因,需将加工的半成品运往区外进行加工,产品运回加工区后返销境外,余料与边角料内销。

1. 对于跨关区进出境的出口加工区货物,符合海关监管要求的操作是(　　)。

A. 按直通式报关　　　　　　B. 按直转转关方式报关

C. 按转关运输中提前式报关　　D. 按中转转关方式报关

2. 从境外与境内区外进区的加工设备,符合海关税收政策的是(　　)。

A. 前者免税,后者征税　　　　B. 前者征税,后者免税

C. 两者均免税　　　　　　　　D. 两者均征税

3. 出口加工区内企业需要将有关半制品运往区外外发加工,其正确程序是(　　)。

A. 由区外企业向加工区主管海关申报进口,缴纳进口关税,区内企业在加工区海关备案

B. 由区外企业向加工区主管海关缴纳与进口税费等值的保证金或银行保函,办理出区手续

C. 由区外企业向加工区主管海关办理加工贸易合同登记备案,按保税货物

进口办理相关手续

D.由出口加工区企业向接受委托的区外主管海关办理转关手续

4.区内企业在加工中产生的边角料的处理,正确的做法是( )。

A.复运出境

B.经海关核准内销的,按内销时状态确定归类并征税

C.经海关核准内销的,可免予进口许可证件管理

D.经海关核准内销的,可免纳进口关税,但不豁免进口许可证件管理

项目4 保税物流加工贸易进出环节税收的实施

任务1 进出口税费征收计算

本节进出口税费是指在进出口环节中,由海关依法征收的关税、消费税、增值税以及海关对于少数货物征收的监管手续费等。我国海关征收的税费一律以人民币计征;完税价格、税额采用四舍五入法计算至分,分以下四舍五入。我国海关征收的各种税费的起征点为人民币50元。

4.1.1 关税

关税是国家税收的重要组成部分,是由海关代表国家,按照国家制定的关税政策和公布实施的税法及进出口税则,对准许进出关境的货物和物品向纳税义务人征收的一种流转税。按货物的流向可分为进口关税和出口关税两大类。

1)进口关税税款的计算

(1)从价关税

以货物的价格或者价值为征税标准,价格越高,税额越高。计算公式为:

$$应征进口关税税额 = 完税价格 \times 法定进口关税税率$$

计算程序:

第一步:确定货物的完税价格(即确定货物的 CIF 报价)。

第二步:根据汇率适用原则将外币计算为人民币。

第三步:按照公式计算应该征收的税款。

实例:

国内某公司向香港购进日本皇冠轿车 10 辆,成交价格合计为 FOB 香港 120 000美元,实际支付运费5 000美元,保险费800 美元。已知该轿车的汽缸容量为2 000立方厘米,适用中国银行的外汇折算价为 1 美元 = 6.839 6元人民币,计算应征进口关税。(原产国日本适用最惠国税率25% 。)

解题思路：

第一步：确定货物的完税价格（即确定货物的 CIF 报价）。

审定完税价格为 125 800 美元（120 000 美元 + 5 000 美元 + 800 美元）

第二步：根据汇率适用原则将外币计算为人民币。

将外币价格折算成人民币为 860 421.68 元

第三步：按照公式计算应该征收的税款。

$$应征进口关税税额 = 完税价格 \times 进口关税税率$$
$$= 860\ 421.68 \times 25\%$$
$$= 215\ 105.42（元）$$

（2）从量关税

以货物的数量、重量、体积、容量等计量单位为计税标准。我国目前征收从量税的进口商品有冻鸡、石油原油、啤酒、胶卷等。计算公式为：

$$应征进口关税税额 = 货物数量 \times 单位税额$$

计算程序：

第一步：确定货物的实际进口数量，如果进口计量单位与计税的单位不同，应该进行换算。

第二步：按照公式计算应该征收的税款。

实例：

国内某公司从香港购进日本原产的柯达彩色胶卷 50 400 卷（宽度 35 毫米，长度不超过 2 米），成交价格合计为 CIF 境内某口岸 10.00 港币/卷，已知适用中国银行的外汇折算价为 1 港币 = 0.881 5 元人民币；以规定单位换算表折算，规格"135/36"1 卷 = 0.057 75 平方米，计算应征进口关税。（原产地日本适用最惠国税率 26 元/平方米。）

解题思路：

第一步：确定货物的实际进口数量，如果进口计量单位与计税的单位不同，应该进行换算。

确定其实际进口量 = 50 400 × 0.057 75 = 2 910.6（平方米）

第二步：按照公式计算应该征收的税款。

$$应征进口关税税额 = 货物数量 \times 单位税额$$
$$= 2\ 910.6 \times 26$$
$$= 75\ 675.60（元）$$

注意:汇率、货物成交价不影响从量关税税额。

(3)复合关税

复合关税又称混合关税,即订立从价、从量两种税率,随着完税价格和进口数量而变化,征收时两种税率合并计征。我国目前征收复合税的进口商品包括录像机、放像机、摄像机、非家用型摄录一体机、部分数字照相机等。计算公式为:

应征进口关税税额 = 货物数量 × 单位税额 + 完税价格 × 关税税率

计算程序为:

第一步:根据完税价格审定办法、规定,确定应税货物的完税价格。

第二步:根据汇率使用原则,将外币折算成人民币。

第三步:按照计算公式正确计算应征税款。

实例:

国内某一公司,从日本购进该国企业生产的广播级电视摄像机40台,其中有20台成交价格为 CIF 境内某口岸4 000美元/台,其余20台成交价格为 CIF 境内某口岸5 200 美元/台,已知适用中国银行的外汇折算价为 1 美元 = 6.839 6 元人民币,计算应征进口关税。(原产国日本关税税率适用最惠国税率,经查关税税率为:完税价格低于5 000美元/台的,关税税率为单一从价税35%;CIF 境内某口岸5 000美元/台以上的,关税税率为12 960元从量税再加3%的从价关税。)

解题思路:

第一步:根据完税价格审定办法、规定,确定应税货物的完税价格。

确定后成交价格合计为80 000 美元(每台4 000 美元的20 台)和104 000 美元(每台5 200美元的20 台)。

第二步:根据汇率适用原则,将外币折算成人民币。

将外币价格折算成人民币为 547 168.00 元和 711 318.40 元。

第三步:按照计算公式正确计算应征税款。

$$20 台单一从价进口关税税额 = 完税价格 × 进口关税税率$$
$$= 547 168.00 × 35\%$$
$$= 191 508.80(元)$$
$$20 台复合进口关税税额 = 货物数量 × 单位税额 + 完税价格 × 关税税率$$
$$= (20 × 12 960 元/台) + (711 318.40 × 3\%)$$
$$= 259 200.00 + 21 339.55$$
$$= 280 539.55(元)$$

40 台合计进口关税税额 = 从价进口关税税额 + 复合进口关税税额

$$= 191\ 508.80 + 280\ 539.55$$

$$= 472\ 048.35(元)$$

(4)滑准关税

滑准关税是指在海关税则中,预先按产品的价格高低分档制订若干不同税率,然后根据进口商品价格的变动而增减进口税率的一种关税。当商品价格上涨时采用较低税率,当商品价格下跌时则采用较高税率,其目的是使该种商品的国内市场价格保持稳定。

2)出口关税税款的计算

目前,我国仅对小部分关系到国计民生的重要出口商品征收出口关税,例如煤炭、原油等能源或资源类产品,化肥,钨初级加工品,未锻轧的锰、钼、锑、铬金属等具备资源战略性意义的产品等。

(1)从价计征标准

①完税价格 = FOB − 出口关税 = FOB ÷ (1 + 出口关税税率)

②应征出口关税税额 = 完税价格 × 出口关税税率

计算程序为:

第一步:确定货物的 FOB 价。

第二步:根据汇率适用原则将外币计算为人民币。

第三步:按照公式计算应该征收的税款。

实例:

国内某企业从广州出口硅铁一批,申报价格为 FOB 广州黄埔港 8 705.50 美元。其适用中国银行的外汇折算价为 1 美元 = 6.839 6 元人民币,要求计算出口关税。(出口税率为 25%。)

解题思路:

第一步:确定货物的 FOB 价,审定 FOB 为 8 705.50 美元。

第二步:根据汇率适用原则将外币计算为人民币,将外币价格折算成人民币为 59 542.14 元。

第三步:按照公式计算应该征收的税款。

(2)从量计征

从量计征出口关税的方法可参考从量计征进口关税的方法。

4.1.2　增值税

增值税是以商品的生产、流通和劳务服务各个环节所创造的新增价值为课税对象的一种流转税。我国进口环节的增值税由海关代为征收,其他环节的增值税由各地税务局征收。增值税的起征额为人民币50元,低于50元的免征,基本税率为17%,按13%征收增值税的商品有:

①粮食、食用植物油。

②自来水、暖气、冷气、热水、煤气、石油液化气、天然气、沼气、居民用煤炭制品。

③图书、报纸、杂志(图书)。

④饲料、化肥、农药、农机、农膜(与农业生产有关)。

⑤国务院规定的其他货物增值税计算公式为:

$$应纳增值税额 = 组成价格 × 增值税税率$$
$$组成价格 = 关税完税价格 + 关税税额 + 消费税税额$$

实例:

某公司进口货物一批,经海关审核其成交价格为1 239.50美元,其适用中国银行的外汇折算价为1美元 = 6.839 6人民币元。已知该批货物的关税税率为12%,消费税税率为10%,增值税税率为17%。现计算应征增值税税额。

解题思路:

首先计算关税税额;然后计算消费税税额;最后再计算增值税税额。

　　将外币折算成为人民币 = 1 239.50 × 6.839 6 = 8 477.68(元)

计算关税税额:

$$应征关税税额 = 完税价格 × 关税税率$$
$$= 8 477.68 × 12\%$$
$$= 1 017.32(元)$$

计算消费税税额:

$$应征消费税税额 = (关税完税价格 + 关税税额) ÷ (1 - 消费税税率) × 消费税税率$$
$$= (8 477.68 + 1 017.32) ÷ (1 - 10\%) × 10\%$$
$$= 9 495.00 ÷ (1 - 10\%) × 10\%$$
$$= 10 550.00 × 10\%$$
$$= 1 055.00(元)$$

计算增值税税额:

$$应纳增值税额 = (关税完税价格 + 关税税额 + 消费税税额) \times 增值税税率$$
$$= (8\ 477.68 + 1\ 017.32 + 1\ 055.00) \times 17\%$$
$$= 1\ 793.50 (元)$$

4.1.3 消费税

消费税是以消费品或消费行为的流转额作为课税对象而征收的一种流转税。消费税的征收对象是较为有限的,在我国一般是对于不鼓励多消费的商品征收消费税。应税消费品大体可分为以下4种类型:

①一些过度消费会对人的健康、社会秩序、生态环境等方面造成危害的特殊消费品,例如烟、酒、酒精、鞭炮、焰火等。

②奢侈品、非生活必需品,例如贵重首饰及珠宝玉石等。

③高能耗的高档消费品,例如小轿车、摩托车等。

④不可再生和替代的资源类消费品,例如汽油、柴油、石脑油、溶剂油、润滑油等。

消费税的计算有从价从量两种方式,计算公式分别为:
$$从价消费税额 = (关税完税价格 + 关税税额) \times 消费税率$$
$$从量消费税额 = 应税消费品数量 \times 消费税单位税额$$

4.1.4 滞纳金

纳税义务人应当自海关填发税款缴款书之日起15日内,向海关缴纳有关税费,滞纳金指应纳税的单位或个人因逾期向海关缴纳税款而依法应缴纳的款项。
$$关税滞纳金 = 滞纳的关税数额 \times 0.5‰ \times 滞纳天数$$
$$进口环节税滞纳金金额 = 滞纳的进口环节税税额 \times 0.5‰ \times 滞纳天数$$

注意:一票货物的滞纳金起征额为50元,不足50元的免予征收。

实例:

国内某公司向香港购进日本皇冠轿车10辆。已知该批货物应征关税税额为人民币352 793.52元,应征进口环节消费税为人民币72 860.70元,进口环节增值税税额为人民币247 726.38元。海关于2009年2月5日填发《海关专用缴款书》,该公司于2009年3月3日缴纳税款。现计算应征的滞纳金。

解题思路:

首先,确定滞纳天数,然后再计算应缴纳的关税、进口环节消费税和增值税的滞纳金。

其次,用原来的日期加 15 天算出税款缴纳的到期日为 2009 年 2 月 20 日(星期五),2 月 21 日—3 月 3 日为滞纳期,共滞纳 11 天。

按照计算公式分别计算进口关税、进口环节消费税和增值税的滞纳金。

$$关税滞纳金 = 滞纳关税税额 \times 0.5‰ \times 滞纳天数$$
$$= 352\ 793.52 \times 0.5‰ \times 11$$
$$= 1\ 940.36(元)$$

$$进口环节消费滞纳金 = 进口环节消费税税额 \times 0.5‰ \times 滞纳天数$$
$$= 72\ 860.70 \times 0.5‰ \times 11$$
$$= 400.73(元)$$

$$进口环节增值税滞纳金 = 进口环节增值税税额 \times 0.5‰ \times 滞纳天数$$
$$= 247\ 726.38 \times 0.5‰ \times 11$$
$$= 1\ 362.50(元)$$

4.1.5 滞报金

根据《海关法》的有关规定,进口货物的收货人或其代理人应在运输工具申报进境之日起 14 日内向海关申报,逾期海关将依法征收一定数额的滞报金。滞报金的日征收金额为进口货物完税价格的 0.5‰,以人民币"元"为计征单位,不足人民币一元的部分免予计征。滞报金的起征点规定同滞纳金。

任务 2 进出口货物完税价格确定

我国海关对实行从价税的进出口货物征收关税时,必须依法确定货物应缴纳税款的价格,即海关依法审定的完税价格,是海关对进出口货物征收从价税时审查估定的应税价格。进出口货物关税完税价格是凭以计征进出口货物关税及进口环节税税额的基础。

4.2.1 我国海关估价的依据

为防止海关估价被所在国用作"非关税壁垒"的用途,WTO 的《估价协定》旨在建立一套"公平、统一、中性"的海关估价制度。公平是指海关估价原则要科学、公正、准确,要符合商业习惯;统一是指海关估价原则不分货物供应来源,对待所有商人一视同仁;中性是指客观公正,对国际贸易"既不偏爱也不阻碍"。

海关总署制定了《中华人民共和国审定进出口货物完税价格办法》,并于 2006 年 5 月 1 日起施行。

4.2.2　一般进口货物完税价格的审定

进口货物的完税价格,由海关以该货物的成交价格为基础审查确定,并应包括货物运抵中华人民共和国境内输入地点起卸前的运输及相关费用(如装卸费、搬运费)、保险费。

1)审定程序

纳税义务人向海关申报时,应当按照《审价办法》的有关规定,向海关如实提供发票、合同、提单、装箱清单等单证。海关按规定审定价格。

海关对于申报价格的真实性、准确性有疑问时,应当制发《价格质疑通知书》,将质疑的理由书面告知纳税义务人或代理人。

海关制发《价格质疑通知书》后,有下列情形之一的,海关与纳税义务人进行价格磋商后,依次使用其他估价方法审查确定进出口货物的完税价格。

①纳税义务人或者其代理人在海关规定期限内,未能提供进一步说明的。

②纳税义务人或者其代理人提供有关资料、证据后,海关经审核其所提供的资料、证据,仍然有理由怀疑申报价格的真实性、准确性的。

③纳税义务人或者其代理人提供有关资料、证据后,海关经审核其所提供的资料、证据,仍然有理由认为买卖双方之间的特殊关系影响成交价格的。

2)审定办法

海关确定进口货物完税价格有6种估价方法:成交价格法、相同货物成交价格法、类似货物成交价格法、倒扣价格法、计算价格法和合理方法。

这6种估价方法必须依次使用,也就是说,只有在不能使用前一种估价方法时才可顺延使用其他估价方法。其中,倒扣价格方法和计算价格方法在进口货物收货人提出要求并提供相关资料而且征得海关同意的情况下可以颠倒适用次序。

(1)进口货物成交价格方法

海关意义上的进口货物的成交价格,指卖方向中华人民共和国境内销售该货物时买方为进口该货物向卖方实付、应付的,并按有关规定调整后的价款总额,包括直接支付的价款和间接支付的价款。

成交价格还必须满足一定的条件,否则也不能适用成交价格法。成交价格必须满足的条件:

①买方对进口货物的处置和使用不受限制。

②货物的出口销售或价格不应受到某些条件或因素的影响,由于这些条件或因素导致该货物的价格无法确定。

③卖方不得直接或间接从买方获得因转售、处置或使用进口货物而产生的任何收益,除非上述收益能够被合理确定。

④买卖双方之间没有特殊关系或者虽有特殊关系但不影响价格。

(2)相同及类似货物成交价格方法

相同货物是指与进口货物在同一国家或地区生产的,在物理性质、质量和信誉等所有方面都相同的货物,但允许存在表面的微小差异。

类似货物是指与进口货物在同一国家或地区生产的,虽然不是在所有方面都相同,但却具有类似的特征、类似的组成材料、同样的功能,并且在商业中可以互换的货物。

相同或相似货物成交价格这两种估价方法除了货物本身有区别外,在其他方面的适用条件是一样的,都应该具备5个条件。

(3)倒扣方法

倒扣方法是以进口货物、相同或类似货物在被估货物进口时或大约进口时,按进口时的状态在境内第一级销售环节,以最大销售总量单位售予境内无特殊关系方的单价估定完税价格。

倒扣方法指海关以进口货物在国内市场转售的价格,减去通常佣金和利润、国内运保费、关税和国内税、加工增加值四项因素后的价格。

(4)计算方法

计算方法是以生产被估价的进口货物所使用的料件成本和加工费用、向国内销售同等级或者同种类货物通常的利润和一般费用以及该进口货物运抵我国境内输入地点起卸前的运输及其相关费用、保险费的总和计算的价格为基础确定进口货物完税价格的方法。

(5)合理方法

所谓合理的估价方法实际上不是一个具体的估价方法,而是规定了使用方法的范围和规则,也就是说运用合理方法,必须符合公平、统一、客观的估价原则,必须以境内可以获得的数据资料为基础。

4.2.3　出口货物完税价格的审定

出口货物的完税价格是由海关以该货物的成交价格为基础审查确定,包括货物运至中华人民共和国境内输出地点装卸前的运输及其相关费用、保险费。

出口货物的成交价格是指该货物出口销售时,卖方为出口该货物向买方直接收取和间接收取的价款总额。

$$出口货物完税价格 = FOB(中国境内口岸) - 出口关税$$

$$= \frac{FOB(中国境内口岸)}{1 + 出口税率}$$

任务 3　进口货物原产地确定与税率适用

同一类的货物,如果货物的原产地不同,货物进口税率也会有所不同。所以说,货物的原产地、价格估定、商品归类共同构成了海关征税(从价)的三大要件。其中,商品归类海关可以通过查验实物、化验等办法解决,但货物的原产地、价格估定就无法通过观察货物的外观等属性得出结论。

4.3.1　进口货物原产地的确定

1)原产地规则的含义

一国为确定货物的原产地而实施普遍适用的法律、法规和行政决定,各国以本国立法形式制定出其鉴别货物"国籍"的标准,这就是原产地规则。起初制定原产地规则的目的在于海关统计,后来各国为适应国际贸易不断发展的需要,并为了执行本国关税及非关税方面的国别歧视性贸易措施,必须准确对进出口商品的原产地进行认定。

2)原产地规则的类别

(1)优惠原产地规则

优惠原产地规则,也称为协定原产地规则,是指一国为了实施国别优惠政策而制定的法律、法规,是以优惠贸易协定通过双边、诸边协定形式或者是由本国自主形式制定的一些特殊原产地认定标准,优惠范围是以原产地为受惠国的进口产品为限。

(2)非优惠原产地规则

非优惠原产地规则也称为自主原产地规则,是本国自主立法制定的,它是为实施最惠国待遇、反倾销和反补贴、保障措施、原产地标记管理、国别数量限制、关税配额等非优惠性贸易措施以及进行政府采购、贸易统计等活动而认定进出口货物原产地的标准。

3)原产地认定标准

(1)优惠原产地认定标准
①完全获得标准。
②从价百分比标准。

③直接运输标准。

（2）非优惠原产地认定标准

①完全获得标准。

②实质性改变标准。

非优惠原产地认定标准相比较优惠原产地规则而言，要求不很严格，它也是用于解决货物的生产、制造在两个及两个以上的国家（地区）完成的情形。

4）向中国海关的进口申报要求

①《亚太贸易协定》项下需提交受惠国政府指定机构签发的原产地证书正本，如经其他非受惠国，需提供过境国家未加工证明及全程提单。

②《中国—东盟合作框架协议》项下报关时要申明适用中国—东盟协定税率，提供原产地证书正本和第三联。

③CEPA香港和澳门规则项下进口货物报关时要申明适用零关税税率，要提交符合中国海关规定的原产地证书。若是香港产品，还应同时提供"香港海关查验报告"，以证明适用绿色关税制度。

④如遇适用于非优惠原产地规则的进口货物，原产地证明书也是报关时应当提交的单证，例如进口被列入反倾销、反补贴产品同类的产品时，不论原产于世界上哪一国（地区），都应当提供原产地证，加工贸易进口也不例外。

5）原产地预确定制度

进口货物的收货人或经营单位可以向直属海关申请对其将要进口的货物的原产地进行预确定，需提供以下材料：

①申请人的身份证明文件。

②能说明将要进口货物情况的有关文件资料，包括进口货物的商品名称、规格、型号、税则号列、产品说明书等；出口国（地区）或者货物原产地的有关机构签发的原产地证书或其他认定证明；进口货物所使用的原材料的资料；能说明进口货物的生产加工工序、流程、工艺、加工地点以及加工增值等情况说明资料。

③说明该项交易情况的文件材料。

④海关要求提供的其他文件资料。

4.3.2　税率适用

1）原产地对于税率适用的影响

进口税则分为最惠国税率、协定税率、特惠税率、普通税率和关税配额税率等税率。

对于同时适用多种税率的进口货物,海关选择适用的税率时,基本原则是"从低适用",特殊情况除外。

2）时间对于适用税率的影响

为减少纳税争议,海关统一规定,进出口货物,应按海关接受该货物申报进口或出口日实施的税率征税。

任务4　进出口税费缴纳与退补

4.4.1　税款缴纳

我国纳税义务人目前向海关缴纳税款的方式主要以进出口地纳税为主,也有属地纳税(须经报批)。其中,既有以海关专用缴款书向指定银行交付的,也有通过中国电子口岸进行网上电子交付的。

海关征收进出口关税、进口环节代征税、滞纳金的时候,应当向纳税义务人或其代理人填发"海关专用缴款书",纳税义务人持缴款书向银行缴纳税款后,银行在缴款书上盖章,纳税义务人把缴款书第一联交还给填发海关,作为支付凭证。

4.4.2　税款退还

1）退税的适用范围

①海关误征多缴的。
②已征税进口货物,因品质或规格原因1年内原状退运出境的进口货物。
③已征税出口货物,因品质或规格原因1年内原状退运进境的出口货物。
④已征税出口货物,因故未装运申请退关的。
⑤已征税放行的短装、短卸进出口散装货物,如发货人、承运人或保险人对短少部分退赔相应款项,可退短少部分的已征税额。
⑥已征税放行的品质不良、残损、规格不符的进出口货物,如发货人、承运人或

保险人赔偿相应款项,可退该部分已征税额。

2)退税的期限及要求

海关发现多征税款的,应当立即通知纳税义务人办理退还手续。

纳税人发现多缴税款,缴税之日起1年内,可书面要求海关退还多缴税款并加算银行同期活期利息;海关受理后30日内查实;纳税人收到通知后,3个月内办理退税手续。退税率是按照当初征税日的税率。退税必须在原征税海关办理。

滞纳金已征收的不予退还,进口增值税已予抵缴的不予退还。

4.4.3 税款追征和补征

1)追补征税款的范围

①货物放行后,海关发现少征或漏征的。
②因纳税人违规少征或漏征的。
③海关监管货物在监管期内因故改变用途,按照规定需要补征的。

2)追补征税款的期限和要求

放行后,海关发现少征或漏征税款,且原因不在于纳税人违规等造成的,缴税日或放行日起1年内,可补征税款。

因纳税义务人违规造成少征或漏征税款的,缴税日或放行日起3年内,海关可追征税款。

4.4.4 延期纳税

不可抗力、税收政策调整,不能按期纳税时,向纳税所在地直属海关书面申请,附缴税计划和相关材料。延期不得超过货物放行之日起6个月,期内不交滞纳金。

任务5 海关特殊监管区域进出区货物通关及征税流程

4.5.1 保税港区(综合保税区)通关办理流程

保税港区(综合保税区)的货物通关可简单地概括为一句话,即"一线免保(免)税,二线应证应税,区内自由流转"。其中,"一线"指保税港区(综合保税区)与境外之间,"二线"指保税港区(综合保税区)与境内区外之间,"区内流转"指同一海关监管特殊区域内的不同企业之间。特殊监管区域货物通关涉及税收征、退，主要在二线报关阶段,本节内容着重讲解二线通关流程。

1)国内货物进区通关(以下简称二线进区)

(1)货物二线进区通关操作流程

货物二线区进区通关具体流程如图4.1所示。

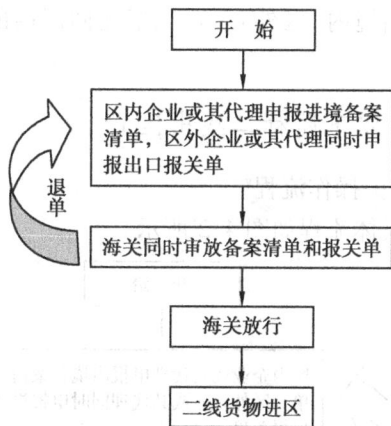

图4.1 货物二线进保税港区(综合保税区)通关流程

(2)进区通关及征税操作要点

①二线进区货物视同出口,应征税(出口关税)退税(增值税)收发货人按照进出口货物的有关规定向保税港区主管海关办理申报手续。需要征税的,区内企业或者区外收发货人按照货物进出区时的实际状态缴纳税款;区外货物进入保税港区(综合保税区)的出口退税商品,海关签发用于出口退税的出口货物报关单证明联,但对保税港区(综合保税区)的区内生产企业在境内区外采购用于生产出口产品的部分原材料,进区时不征收出口关税。

②二线进区货物属于配额、许可证件管理商品的,区内企业或者区外收货人还应当向海关出具配额、许可证件。

(3)二线进区货物的监管方式

自2010年4月1日起,企业按照《海关特殊监管区域进出口货物报送单元、进出境货物备案清单填制规范》填制相应单证,相关监管方式有:

①区内物流、加工企业从境内(区外)购进的料件,填报"料件进出区"(代码5000)。

②区内企业加工后的成品(包括研发成品和物流企业简单加工的成品)进入境内(区外)的,填报"成品进出区"(代码5100)。

③区内企业从境内(区外)购进的自用设备、物资,填报"设备进出区"(代码5300)。

④从境内(区外)进入特殊区域的检测、维修货物,区内企业填报"修理物品"(代码1300)。

⑤区内企业产品、设备,运往境内(区外)测试、检验或委托加工,复运回区内的,填报"暂时进出货物"(代码2600)。

⑥区内企业产品运出境内(区外)展览完毕运回区内的,填报"展览品"(代码200)。

2)区内货物出区(以下简称二线出区)

(1)货物二线出区通关操作流程

货物二线出区通关具体流程如图4.2所示。

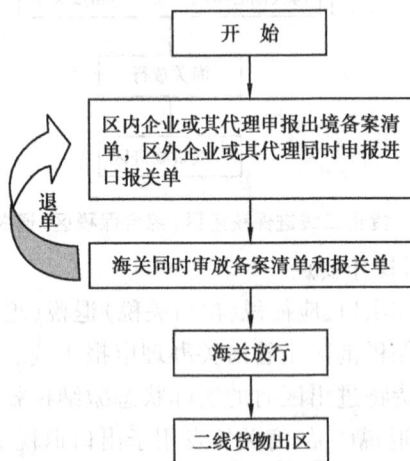

图4.2 货物二线出保税港区(综合保税区)通关流程

(2)出区通关及征税操作要点

①二线出区货物视同进口,应征税。保税港区(综合保税区)与区上之间进出的货物,区内企业或者是区外收发货人按照进出口货物的有关规定向保税港区主管海关办理申报手续,需要征税的,区内企业或者区外收发货人按照货物进出区时的实际状态缴纳税款。

②二线出区货物属于配额、许可证件管理商品的,区内企业或者区外收货人还应当向海关出具配额、许可证件。对于同一配额、许可证件项下的货物,海关在进境环节已经验放配额、许可证件的,在出区环节不再要求企业出具配额、许可证件原件。

③区内边角料、废品及加工生产、储存、运输等过程中产生的包装物料,按出区时的实际状态征税。属于进口配额、许可证件管理商品的,免领进口配额、许可证件;属于列入《禁止进口废物目录》的废物及其他危险废物需出区进行处置的,有关企业凭保税港区(综合保税区)行政管理机构以及所在地的市级环保部门批件等材料,向海关办理出区手续。

(3)二线出区货物的监管方式

自 2010 年 4 月 1 日起,企业按照《海关特殊监管区域进出口货物报关单、进出境备案清单填制规范》填制相应单证,相关监管方式有:

①下列进出特殊区域的货物,填报"料件进出区"(代码5000):

区内物流、加工企业出往境内区外的料件(不包括经过区内企业实质性加工的成品)。

区内物流、加工企业从境内购入的料件因故退运、退换的。

②区内企业加工后的成品(包括研发成品和物流企业简单加工的成品)进入境内区外的,填报"成品进出区"(代码5100)。

③下列进出特殊区域的企业自用设备、物资,填报"设备进出区"(代码5300):

区内企业将从境内区外购进的自由设备、物资从特殊区域销往境内区外、结转到同一特殊区域或者另一特殊区域的企业,或在境内区外退运、退换。

区内企业从境外进口的自用设备、物资,申报进入境内区外。

④特殊区域出往境内区外的检测、维修货物,区内企业填报"修理物品"(代码1300)。

⑤区内企业将来料加工项下的边角料销往境内区外的,填报"来料边角料内销"(代码0844),将进料加工项下的边角料销往境内区外的,填报"进料边角料内销"(代码0845)。

⑥区内企业产品、设备运往境内区外测试、检验或委托加工产品,填报"暂时进出货物"(代码2600)。

⑦区内企业产品运往境内区外展览,填报"展览品"(代码2700)。

⑧无原始报关单的后续补税,填报"后续补税"(代码9700)。

4.5.2　保税区二线通关办理流程

1)货物二线进、出区通关操作流程

货物二线进、出区通关具体流程如图 4.3 所示。

2)通关及征税操作要点

①二线出区货物,按照进口货物办理手续;从非保税区进入保税区的货物,按

照出口货物办理手续,海关在货物实际离境后,签发用于出口退税的出口货物的报关单证明联。

②二线进区供区内使用的机器、设备、基建物资和物品,使用单位应当向海关提供上述货物或者物品的清单,经海关查验后放行。有关货物或者物品,已经缴纳进口关税和进口环节税收的,已纳税款不予退还。

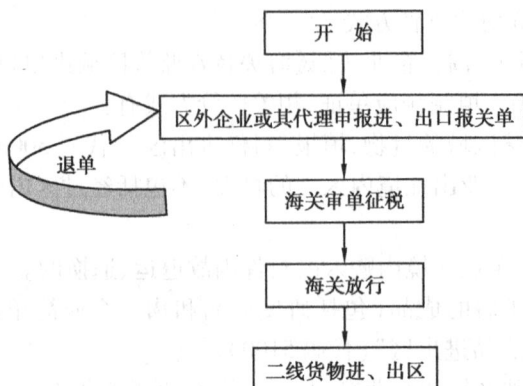

```
            ┌──────────┐
            │   开  始   │
            └─────┬────┘
                  │
  ┌─────────→┌────────────────────────┐
  │          │区外企业或其代理申报进、出口报关单│
  │  退单      └─────────┬──────────────┘
  │                     │
  └─────────       ┌─────────────┐
                   │  海关审单征税  │
                   └──────┬──────┘
                          │
                   ┌─────────────┐
                   │   海关放行    │
                   └──────┬──────┘
                          │
                   ┌─────────────┐
                   │ 二线货物进、出区 │
                   └─────────────┘
```

图4.3 货物二线进、出保税区通关流程

③保税区的货物需从非保税区口岸进出口或者保税区内的货物运往另一保税区的,应当事先向海关提出书面申请,经海关批准后,按照海关转关运输及有关规定办理。

3)进出区货物的监管方式

企业按照保税区相关规定填制相应单证,相关监管方式有:

按成品征税的保税区进料加工成品转内销货物,填报"保区进料成品"(代码0444)。

按成品征税的保税区进料加工成品转内销货物,填报"保区来料成品"(代码0445)。

按料件征税的保税区进料加工成品转内销货物,填报"保区进料料件"(代码0544)。

按料件征税的保税区来料加工成品转内销货物,填报"保区来料料件"(代码0545)。

其他货物根据性质填报区外相应监管方式。

海关监管要求货物由境内区外出口到保税区,必须在货物实际离境后海关才签发用于出口退税的出口货物报关单证明联。

4.5.3 保税物流园区二线通关办理流程

1）货物二线进、出区通关操作流程

货物二线进、出区通关具体流程如图4.4所示。

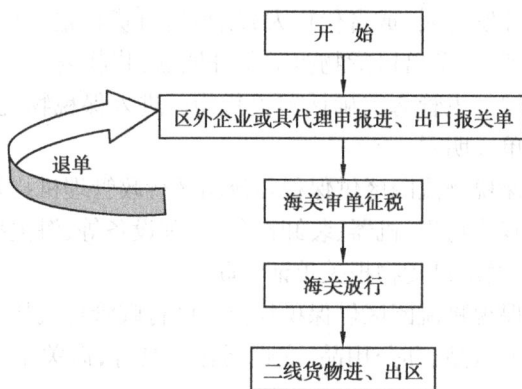

```
                    ┌──────────┐
                    │  开   始  │
                    └────┬─────┘
                         │
   ┌──────────┐   ┌──────┴──────────────────────┐
   │          │→→ │区外企业或其代理申报进、出口报关单│
   │   退单    │   └──────────┬──────────────────┘
   └──────────┘              │
                    ┌────────┴────────┐
                    │   海关审单征税    │
                    └────────┬────────┘
                             │
                    ┌────────┴────────┐
                    │    海关放行      │
                    └────────┬────────┘
                             │
                    ┌────────┴────────┐
                    │  二线货物进、出区 │
                    └─────────────────┘
```

图4.4 货物二线进、出保税物流园区通关流程

2）进出区通关及征税操作要点

①保税物流园区与区外之间进出的货物，由区内企业或者区外收、发货人（或者其代理人）在保税物流园区主管海关办理申报手续。区内企业在区外从事进出口贸易业务且货物不实际进出保税物流园区的，可以在收、发货人所在地的主管海关申报或者在货物进出境口岸的海关办理申报手续。

②保税物流园区的货物运往区外视同进口，区内企业或者区外收货人（或者代理人）按照进口货物的有关规定，向保税物流园区主管海关申报，海关按照货物出园区时的实际监管方式的有关规定办理。

③区外货物运进保税物流园区视同出口，由区内企业或者区外发货人（或者代理人）向保税物流园区主管海关办理出口申报手续。属于应当征收出口关税的商品，海关按照有关规定征收出口关税；属于许可证件管理的商品，应当同时向海关出具有效的出口许可证件，但法律、行政法规、规章另有规定须在出境申报环节提交出口许可证件的除外。

④区内企业跨关区配送货物或者异地企业跨关区到保税物流园区提取货物的，可以在保税物流园区内主管海关办理申报手续，也可以按照海关规定办理进口转关手续。

⑤区外原进口货物需要退运出境或者原出口货物需要复运进境的，不得经过

保税物流园区进出境或者进入保税物流园区存储。根据无代价抵偿货物规定进行更换的区外原进口货物，留在区外不退运出境的，也不得进入保税物流园区。

3）关于区外货物进区退税的海关管理

①从区外进入保税物流园区供区内企业开展业务的国产货物及其包装物料，由区内企业或者区外发货人（或者代理人）填写出口货物报关单，海关按照对出口货物的有关规定办理，签发出口货物报关单证明联；货物要转关出口的，起运地海关在收到保税物流园区主管海关确认转关货物已进入保税物流园的电子回执后，签发出口货物报关单证明联。

②从区外进入保税物流园区供保税物流园区行政管理机构及其经营主体和区内企业使用的国产基建物资、机器、装卸设备、管理设备等，海关按照对出口货物的有关规定办理，并签发出口货物报关单证明联。

③从区外进入保税物流园区供保税物流园区行政管理机构及其经营主体和区内企业使用的生活消费品、办公用品、交通运输工具等，海关不予签发出口货物报关单证明联。

④从区外进入保税物流区的原进口货物、包装物料、设备、基建物资等，区外企业应当向海关提供上述货物或者物品的清单，按照出口货物的有关规定办理申报手续，海关不予签发出口货物报关单证明联，原已缴纳的关税、进口环节增值税和消费税不予退还。

案　例

深圳安龙公司需将国产的充电器和香港的电池组合成一种礼品装后销往欧洲。其国内工厂办理出口报关可将充电器交至福田保税区，也可交至盐田保税物流园区。香港的电池则备案入境，可免税也可免证。国内的工人在福田保税区或盐田保税物流园区将两种物品按要求包装在一起，再装入货柜拖至深圳或香港码头上册。

讨论：国内企业交货到福田保税区和交货到盐田保税物流园区有区别吗？如果你是当事人，你会选择到哪里交货？

课后习题

一、单项选择题

1. 进口环节增值税的组成计税价格为( )。

   A. 进口关税完税价格 + 进口关税税额 + 增值税税额

   B. 进口关税完税价格 + 增值税税额

   C. 进口关税完税价格 + 进口关税税额 + 消费税税额

   D. 进口关税完税价格 + 进口关税税额

2. 因纳税义务人违反规定造成少征或漏征税款的,海关可以自缴纳税款或自货物放行之日起( )年内追征税款,并从缴纳税款或货物放行之日起到海关发现之日止,按日加收少征或漏征税款( )的滞纳金。

   A. 1,0.5‰   B. 3,0.5‰   C. 3,1‰   D. 1,1‰

3. 某公司从美国进口一套机械设备,发票列明如下:CIF 上海 300 000 美元,此外,该公司还支付了设备进口后的安装及技术服务费用 10 000 美元,支付给其采购代理人的购货佣金 1 500 美元,并支付给卖方代理人的销售佣金 1 500 美元,根据海关成交价格估价方式,该货物的成交价格应为( )。

   A. 313 000 美元   B. 301 500 美元

   C. 303 000 美元   D. 310 000 美元

4. 海关于 2004 年 7 月 9 日(星期五)填发税款缴款书,纳税义务人最迟应于哪一天缴纳税款,才可避免滞纳? ( )

   A. 7 月 23 日   B. 7 月 24 日   C. 7 月 25 日   D. 7 月 26 日

5. 在确定进口货物的完税价格时,下列哪一项费用或价值不应计入? ( )

   A. 买方负担的除购货佣金以外的佣金和经纪费。

   B. 作为销售条件,由买方直接或间接支付的特许权使用费。

   C. 厂房、机械等货物进口后的基建、安装等费用。

   D. 卖方直接或间接从买方转售、处置或使用中获得的收益。

6. 在认定货物原产地时,下列货物中不可能适用实质性改变标准的是( )。

   A. 某国渔船捕捞的鱼   B. 服装   C. 食品   D. 机械设备

7. 根据《中华人民共和国进出口关税条例》的规定,进口货物应按照( )。

   A. 海关填发《海关专用缴款书》之日实施的税率征税

   B. 装载货物的运输工具申报进境之日实施的税率征税,但经海关核准先行申报的除外

C.海关接受该货物申报进口之日实施的税率征税

D.海关放行货物之日实施的税率征税

8.《中华人民共和国海关法》规定,进出口货物的纳税义务人应当在海关规定的期限内缴纳税款;逾期缴纳的,由海关征收滞纳金;纳税义务人、担保人超过多长时间仍未缴纳税款的,海关可以依法采取强制扣缴、抵缴措施?（　　　）

　　A.1 个月　　　　　　B.3 个月　　　　　　C.6 个月　　　　　　D.9 个月

9.以下不属于进出口税费缴纳、退补凭证的是（　　　）。

　　A.海关专用缴款书

　　B.收入退还书（海关专用）

　　C.海关行政事业性收费专用票据

　　D.全国税务统一专用发票

10.经批准转让或移作他用的减免税货物需缴纳税款的,应当适用（　　　）之日实施的税率。

　　A.海关接受纳税义务人再次申报办理纳税手续

　　B.货物申报进口

　　C.货物进境

　　D.海关批准

二、多项选择题

1.关税的征税主体是国家,其征税对象是（　　　）。

　　A.进出关境的货物　　　　　　　　　　　B.进出关境的物品

　　C.进口货物收货人　　　　　　　　　　　D.出口货物发货人

2.下列关于我国进口环节增值税和消费税的表述正确的是（　　　）。

　　A.进口环节的增值税、消费税由海关征收

　　B.进口环节增值税、消费税均从价计征

　　C.对于进口货物税、费的计算,一般的计算过程为:先计算进口关税额,再计算消费税额,最后计算增值税额

　　D.消费税组成计税价格 =（关税完税价格 + 关税税额）/（1 - 消费税率）

3.下列哪些情况海关可以拒绝接受申报价格而另行估价（　　　）。

　　A.买方对进口货物的处置受到了卖方的限制,具体表现在买方必须将进口货物转售给卖方指定的第三方

　　B.买卖双方达成的销售价格是以买方同时向卖方购买一定数量的其他货物为前提

　　C.进口方在国内销售进口货物所产生的收益中,有一部分返还给出口方,然后这一部分收益的具体金额尚不能被确定

D.进口方和出口方是母子公司,但上述关系并未对成交价格产生影响

4.关于税率适用时间,下列表述正确的是( )。

    A.减免税货物经批准转让或者移作他用的,应当适用海关接受纳税义务人再次填写报关单申报办理纳税及有关手续之日实施的税率征税

    B.因纳税义务人违反规定需要追征税款的,应当适用海关发现该行为之日实施的税率

    C.因超过规定期限未申报而由海关依法变卖的进口货物,应适用装载该货物的运输工具申报进境之日实施的税率

    D.进口货物到达前,经海关核准先行申报的,应当适用装载该货物的运输工具申报进境之日实施的税率

5.关于进出口税费的计算,下列表述正确的是( )。

    A.税款的起征点为人民币50元

    B.完税价格计算至元,元以下四舍五入

    C.税额计算至分,分以下四舍五入

    D.进出口货物的成交价格及有关费用以外币计价的,海关应当按照填发税款缴款书之日公布的汇率中间价折合成人民币

6.下列关于进口税率适用的表述正确的是( )。

    A.按照普通税率征税的进口货物,不适用进口货物暂定税率

    B.对于无法确定原产国别的货物,按普通税率征税

    C.配额内税率只适用最惠国待遇的国家和地区

    D.适用最惠国税率、协定税率、特惠税率的进口货物,暂定税率确定以后,按暂定税率征税

7.经海关核准可予办理退税手续的情况有( )。

    A.已缴纳进口关税和进口环节税税款的进口货物,因品质或者规格原因,原状退货复运出境的

    B.已缴纳出口税的货物,因故未装运出口申请退关的

    C.进出口货物因残损、品质不良、规格不符的原因,由进出口货物的发货人、承运人或者保险公司赔偿相应货款的

    D.因海关误征,致使纳税义务人多缴税款的

8.海关可以追征和补征税款的范围包括( )。

    A.进出口货物放行后,海关发现少征或者漏征税款的

    B.因纳税义务人违反海关规定而造成少征或者漏征税款的

    C.海关监管货物在海关监管期内因故改变用途按照规定需要补征税款的

    D.因税率重大调整原因,造成货物放行之日与货物申报之日产生的较大税

额差额

9.《中华人民共和国进出口货物原产地条例》适用以下情况的原产地确定？
（   ）

    A. 实施最惠国待遇措施

    B. 实施反倾销和反补贴措施

    C. 实施保障措施

    D. 实施优惠性贸易措施

10. 下列关于进口货物完税价格中的运输及其相关费用、保险费的计算,表述
正确的是（   ）。

    A. 进口货物的运费,按照实际支付的费用计算。如果进口货物的运费无法
        确定的,海关按照该货物的实际运输成本或者该货物进口同期运输行业
        公布的运费率（额）计算运费

    B. 进口货物的保险费,应当按照实际支付的费用计算。如果进口货物的保
        险费无法确定或者未实际发生,海关应当按照"货价加运费"两者总额的
        3‰计算保险费

    C. 邮运进口的货物,应当以邮费作为运输及其相关费用、保险费

    D. 以境外边境口岸价格条件成交的铁路或者公路运输进口货物,海关应当
        按照境外边境口岸价格的1%计算运输及其相关费用、保险费

三、判断题

1. 关税由海关代表国家向纳税义务人征收,因此关税的征税对象是关税的纳
税义务人。   （   ）

2. 因纳税义务人违反规定造成少征或者漏征税款的,海关除追征税款外还应
加收滞纳金。   （   ）

3. 在买卖双方没有特殊关系时进口货物的申报价格,才能被海关所接受作为
完税价格的基础。   （   ）

4. 以进口货物相同货物的成交价格来确定进口货物的完税价格时,相同货物
的销售必须与被估货物处于同一商业水平,数量基本一致,否则上述相同货物的成
交价格不能被采用。   （   ）

5. 运往境外修理的货物,应当以该出境货物在境外修理时支付的修理费和料
件费,加上该货物复运进境的运输及其相关费用以及保险费,审查确定完税价格。
                （   ）

项目 5 保税加工贸易合同备案与核销

任务 1 加工贸易合同备案

5.1.1 加工贸易合同备案含义

《海关法》第三十三条明确规定,企业从事加工贸易,应当持有批准文件和加工贸易合同并向海关备案。加工贸易合同是海关核定进口料件和出口成品的数量、价格、单耗、加工期限以及确定海关监管方式、税收待遇的重要依据。

加工贸易合同备案,也称加工贸易备案,是指加工贸易企业持商务主管部门签发的加工贸易业务批准件、进出口合同(协议)等有关单证资料到主管海关申请货物保税加工资格,海关核准同意后予以核发有关凭证(即加工贸易登记手册)的行为。

代理加工贸易委托协议书

委 托 方:_____

企业地址:_____

联系电话:_____ 委托方联系人:_____

被委托方:_____

企业地址:_____

联系电话:_____ 被委托方经办人:_____

兹经双方商定,由被委托方代理委托方办理海关加工贸易报关监管,双方保证遵守《海关法》和相关法律法规,保证提供的情况真实、完整,否则,愿意承担相关法律责任。

双方委托办理的加工贸易外经贸部门批文号:_____

贸易合同号:_____;代理相关事项包括以下内容:

☐ 加工贸易手册海关备案 ☐ 加工贸易手册内容变更

☐ 办理加工贸易手册分册 ☐ 零星辅料(78 种)进口

☐ 深加工结转 ☐ 加工贸易手册核销

委托方签章: 被委托方签章:

法人代表签章: 经办人签章:

日 期: 日 期:

图 5.1 代理加工贸易委托协议书

合同备案是海关保税加工监管的第一道环节,是海关对加工贸易料件进口、加工生产以及成品出口(或者转内销)实施监管的前提。

应当注意的是,自 2006 年 7 月 1 日起,加工贸易企业,如委托报关企业办理加工贸易合同备案(包括合同变更、核销等事宜)的,均应出具书面代理报关委托书。

5.1.2　加工贸易合同备案应准备的材料

①商务主管部门签发的同意开展加工贸易业务的有效批准文件,即经营企业所在地主管商务部门出具的"加工贸易业务批准证"。

表5.1　加工贸易业务批准证

批准证号:　　　　　　　　打印日期:　　年　　月　　日

1.经营企业名称:		3.加工企业名称:		
2.经营企业类型: 经营企业编码:		4.加工企业类型: 加工企业编码:		
5.加工贸易类型:		6.来料加工项目协议号:		
进料 加工	7.进口合同号:	来料 加工	10.合同外商	
	8.出口合同号:		11.合同号	
	9.客供辅料合同号:		12.加工费(美元):	
13.进口主要料件(详细目录见清单)		16.出口主要制成品(详细目录见清单)		
14.进口料件总值(美元):		17.出口制成品总值(美元):		
15.进口口岸		18.出口口岸		
19.出口制成品返销截止日期:		20.加工地主管海关:		
21.加工企业生产能力审查单位:		22.经营企业银行基本账户账号:		
23.国产料件总值:		24.深加工结转金额	转入	
			转出	
25.备注:		26.发证机关签章:		
		27.发证日期:		

注:1.涉及数值、年月均值写阿拉伯数字;

　　2.进出口额、深加工结转额以海关统计或实际发生额为准;

　　3.此证明自填报之日起有效期为一年。

对外贸易经济合作部监制

特别提醒:开展异地加工贸易的,还应提交经营企业所在地主管海关签章的"中华人民共和国海关异地加工贸易申请表"。

表 5.2　中华人民共和国海关异地加工贸易申请表

_____海关：

我_____（公司、厂）需将加工贸易合同（合同号：_____）委托_____（公司,厂）进行加工,委托合同号：_____我们保证遵守《海关法》及有关规定,如有违反,我们愿承担相应的法律责任。

主要进口料件名称	数　量	价　值	出口成品名称	数　量	价　值

经营单位：

地址：　　　　　　　　　　　　　　电话：

企业法定代表人（签名）：

_____　　年　月　日(盖章)

企业管理类别：

经营单位主管海关意见：

_____　　年　月　日(盖章)

注：1. 本申请表一式二联；第一联经营单位主管海关留存,第二联加工企业主管海关留存；

　　2. 企业管理类别由海关填写。

②加工企业或有加工能力的企业,应当提交商务主管部门签发的"加工贸易生产能力证明"。

表 5.3　加工贸易企业经营情况及生产能力证明（一）

加工贸易经营状况（由进出口经营企业填写）

企业名称：				
进出口企业代码：	海关注册编码：		法人代表：	
外汇登记号：	联系电话：		联系传真：	
税务登记号：	邮政编码：		工商注册日期：　年　月　日	
基本账号及开户银行：				
地址：				

续表

| 企业类型(选中划"√"):□1. 国有企业 □2. 外商投资企业 □3. 其他企业 |

| 海关分类评定级别(选中划"√"):□A 类 □B 类 □C 类 □D 类 (以填表时为准) |

| 是否对外加工装配服务公司或外经发展公司的加工企业 □是 □否 |

(外商投资企业填写)(万$)	注册资本:	累计实际投资总额(截至填表时):	实际投资来源地:(按投资额度或控股顺序填写前五位国别/地区及累计金额) 1. 2. 3. 4. 5.	外商本年度拟投资额: 外商下年度拟投资额:
(非外商投资企业填写)(万¥)	注册资本:	资产总额(截至填表时):	净资产额(截至填表时):	本年度拟投资额: 下年度拟投资额:

研发机构:□改进型 □自主型 □核心 □外围	是□ 否□ 世界 500 强公司投资(选择打"√")(根据美国《财富》杂志年评结果,主要考察投资主体)
研发机构投资总额(万$):	

| 产品技术水平:□A. 世界先进水平 □B. 国内先进水平 □C. 行业先进水平 |

| 累计获得专利情况: 1. 国外(个) 2. 国内(个) |

| 企业员工总数: | 文化程度:1. 本科以上( ) 2. 高中、大专( ) 3. 初中及以下( )(在括号内填入人数) |

| 经营范围:(按营业执照) |

	营业额(万¥):	利润总额(万¥):	
上年度	纳税总额(万¥):	企业所得税(万¥):	
	工资总额(万¥):	个人所得税总计(万¥):	
	加工贸易进出口额(万$):	出口额(万$):	进口额(万$):
	进料加工进出口额(万$):	出口额(万$):	进口额(万$):
	来料加工进出口额(万$):	出口额(万$):	进口额(万$):
	加工贸易合同份数:	进料加工合同份数:	来料加工合同份数:

上年度			
	进出口结售汇差额(万$):	出口结汇额(万$):	进口售汇额(万$):
	进料加工结售汇差额(万$):	进料加工结汇(万$):	进料加工售汇(万$):
	加工贸易转内销额(万$):	内销补税额:(万¥含利息)	来料加工(工缴费万$):
	内销主要原因:1.国外市场方面 2.国外企业方面 3.国外法规调整 4.客户 (可多项选择)5.国内市场方面 6.国内企业方面 7.国内法规调整 8.产品质量		
	深加工结转总额(万$):	转出额(万$):	转进额(万$):
	本企业采购国产料件额(万¥):(不含深加工结转料件和出口后复进口的国产料件)		
	国内上游配套企业家数:	国内下游用户企业家数:	
	直接出口订单来源:□A.跨国公司统一采购 □B.进口料件供应商 □C.自有客户 □D.其他客户		

上年度加工贸易主要进口商品(按以下分类序号选择"√",每类可多项选择)

大类:□1.初级产品 □2.工业制成品

中类:□A.机电 □B.高新技术 □C.纺织品 □D.工业品 □E.农产品 □F.化工产品

小类:□a.电子信息 □b.机械设备 □c.纺织服装 □d.鞋类 □e.旅行品、箱包 □f.玩具
　　 □g.家具 □h.塑料制品 □i.金属制品 □j.其他 □k.化工产品

上年度加工贸易主要出口商品(按以下分类序号选择"√",每类可多项选择)

大类:□1.初级产品 □2.工业制成品

中类:□A.机电 □B.高新技术 □C.纺织品 □D.工业品 □E.农产品 □F.化工产品

小类:□a.电子信息 □b.机械设备 □c.纺织服装 □d.鞋类 □e.旅行品、箱包 □f.玩具
　　 □g.家具 □h.塑料制品 □i.金属制品 □j.其他 □k.化工产品

企业承诺:以上情况真实无讹并承担法律责任	法人代表签字:	企业盖章 年　月　日
商务部门审核意见:	审核人:	审核部门签章 年　月　日

备注:

说明:1.有关数据如无特殊说明均填写上年度数据;

　　2.如无特别说明,金额最小单位为"万美元"和"万元";

　　3.涉及数据、年月均填写阿拉伯数字;

　　4.进出口额、深加工结转额以海关统计或实际发生额为准;

　　5.此证明自填报之日起有效期为一年。

表 5.4 加工贸易企业经营情况及生产能力证明(二)

加工贸易经营情况及生产能力证明(由各类有进出口经营权的生产型企业含外商投资企业填写)

企业名称:				
进出口企业代码:		海关注册编码:		法人代表:
外汇登记号:		联系电话:		联系传真:
税务登记号:		邮政编码:		工商注册日期:　　年　月　日
基本账号及开户银行:				
经营企业地址:				
加工企业地址:				
企业类型(选中划"√"):□1.国有企业　□2.外商投资企业　□3.其他企业				
海关分类评定级别(选中划"√"):□A 类　□B 类　□C 类　□D 类　　(以填表时为准)				
是否对外加工装配服务公司或外经发展公司的加工企业　　□是　　□否				
(外商投资企业填写)(万$)	注册资本:	累计实际投资总额(截至填表时):	实际投资来源地:(按投资额度或控股顺序填写前五位国别/地区及累计金额) 1. 2. 3. 4. 5.	外商本年度拟投资额: 外商下年度拟投资额:
(非外商投资企业填写)(万¥)	注册资本:	资产总额(截至填表时):	净资产额(截至填表时):	本 年 度 拟 投资额: 下 年 度 拟 投资额:
研发机构: □改进型　□自主型　□核心　□外围			是□　否□　世界 500 强公司投资(选择打"√") (根据美国《财富》杂志年评结果,主要考察投资主体)	
研发机构投资总额(万$):				
产品技术水平:□A.世界先进水平　　□B.国内先进水平　　□C.行业先进水平				
累计获得专利情况:　1.国外(　　个)　　2.国内(　　个)				
企业员工总数:		文化程度:1.本科以上(　)　2.高中、大专(　)　3.初中及以下(　) (在括号内填入人数)		
经营范围:(按营业执照)				

上年度	营业额(万¥)：	利润总额(万¥)：	
	纳税总额(万¥)：	企业所得税(万¥)：	
	工资总额(万¥)：	个人所得税总计(万¥)：	
	加工贸易进出口额(万$)：	出口额(万$)：	进口额(万$)：
	进料加工进出口额(万$)：	出口额(万$)：	进口额(万$)：
	来料加工进出口额(万$)：	出口额(万$)：	进口额(万$)：
	加工贸易合同份数：	进料加工合同份数：	来料加工合同份数：
	进出口结售汇差额(万$)：	出口结汇额(万$)：	进口售汇额(万$)：
	进料加工结售汇差额(万$)：	进料加工结汇(万$)：	进料加工售汇(万$)：
	加工贸易转内销额(万$)：	内销补税额：(万¥含利息)	来料加工(万$工缴费)：
	内销主要原因：1.国外市场方面 2.国外企业方面 3.国外法规调整 4.客户 (可多项选择) 5.国内市场方面 6.国内企业方面 7.国内法规调整 8.产品质量		
	深加工结转总额(万$)：	转出额(万$)：	转进额(万$)：
	本企业采购国产料件额(万¥)：(不含深加工结转料件和出口后复进口的国产料件)		
	国内上游配套企业家数：	国内下游用户企业家数：	
	直接出口订单来源：A.跨国公司统一采购 B.进口料件供应商 C.自有客户 D.其他客户		

上年度加工贸易主要进口商品(按以下分类序号选择"√"，每类可多项选择)

大类：□1.初级产品 □2.工业制成品

中类：□A.机电 □B.高新技术 □C.纺织品 □D.工业品 □E.农产品 □F.化工产品

小类：□a.电子信息 □b.机械设备 □c.纺织服装 □d.鞋类 □e.旅行品、箱包 □f.玩具

□g.家具 □h.塑料制品 □i.金属制品 □j.其他 □k.化工产品

上年度加工贸易主要出口商品(按以下分类序号选择"√"，每类可多项选择)

大类：□1.初级产品 □2.工业制成品

中类：□A.机电 □B.高新技术 □C.纺织品 □D.工业品 □E.农产品 □F.化工产品

小类：□a.电子信息 □b.机械设备 □c.纺织服装 □d.鞋类 □e.旅行品、箱包 □f.玩具

□g.家具 □h.塑料制品 □i.金属制品 □j.其他 □k.化工产品

生产能力	厂房面积：(平方米)	仓库面积：(平方米)	生产性员工人数：
	生产加工范围：		
	生产规模：(主要产出成品数量及单位)		
	累计生产设备投资额(万$)：(截至填表时)		
	上年度生产设备投资额(万$)：		
	累计加工贸易进口不作价设备额(万$)：(截至填表时)		

续表

企业承诺:以上情况真实无讹并承担法律责任	法人代表签字:	企业盖章 年 月 日
商务部门审核意见:	审核人:	审核部门签章 年 月 日
备注:		

说明:1.有关数据如无特殊说明均填写上年度数据;

2.如无特别说明,金额最小单位为"万美元"和"万元";

3.涉及数据、年月均填写阿拉伯数字;

4.只统计本企业既为经营企业又为加工企业的加工贸易业务,受委托的从事加工贸易业务由相关经营企业统计;

5.进出口额、深加工结转额以海关统计或实际发生额为准;

6.此证明自填报之日起有效期为一年。

表5.5 加工贸易企业经营情况及生产能力证明(三)

加工贸易生产能力证明(由无经营权、承接委托加工贸易业务的企业填写)

企业名称:			
企业代码:	海关注册编码:		法人代表或企业负责人:
外汇登记号:	联系电话:		联系传真:
税务登记号:	邮政编码:		工商注册日期: 年 月 日
基本账号及开户银行:			
地址:			
企业类型(选中划"√"):□1.国有企业 □2.外商投资企业 □3.其他企业			
海关分类评定级别(选中划"√"):□A 类 □B 类 □C 类 □D 类 (以填表时为准)			
注册资本(万¥):	投资总额(万¥): (截至填表时)	净资产额(万¥): (截至填表时)	本年度拟投资额 (万¥): 下年度拟投资额 (万¥):
研发机构:□改进型 □自主型 □核心 □外围			
研发机构投资总额(万$):			
产品技术水平:□A.世界先进水平 □B.国内先进水平 □C.行业先进水平			
累计获得专利情况: 1.国外(个) 2.国内(个)			

企业员工总数:	文化程度:1. 本科以上( )　2. 高中、大专( )　3. 初中及以下( ) (在括号内填入人数)

经营范围:(按营业执照)		

<table>
<tr><td rowspan="18">上年度</td><td colspan="2">总产值(万￥):(进料加工企业填写)</td><td colspan="2">出口额(万$):(来料加工企业填写)</td></tr>
<tr><td colspan="2">营业额(万￥):(进料加工企业填写)</td><td colspan="2">工缴费(万$):(来料加工企业填写)</td></tr>
<tr><td colspan="4">利润总额(万￥):</td></tr>
<tr><td colspan="2">纳税总额(万￥):</td><td colspan="2">企业所得税(万￥):</td></tr>
<tr><td colspan="2">工资总额(万￥):</td><td colspan="2">个人所得税总计(万￥):</td></tr>
<tr><td colspan="2">加工贸易进口料件总值(万$):</td><td colspan="2">加工贸易出口成品总值(万$):</td></tr>
<tr><td colspan="2">进料加工合同份数:</td><td colspan="2">来料加工合同数量:</td></tr>
<tr><td colspan="2">进料加工进口料件额总值(万$):</td><td colspan="2">进料加工进口料件额总值(万$):</td></tr>
<tr><td colspan="2">加工贸易转内销额(万$):</td><td colspan="2">内销补税额:(万￥,含利息)</td></tr>
<tr><td colspan="4">内销主要原因:1. 国外市场方面　2. 国外企业方面　3. 国外法规调整　4. 客户
(可多项选择) 5. 国内市场方面　6. 国内企业方面　7. 国内法规调整　8. 产品质量</td></tr>
<tr><td colspan="2">深加工结转转入料件总值(万$):</td><td colspan="2">深加工结转转出料件总值(万$):</td></tr>
<tr><td colspan="2">国内上游配套企业家数:</td><td colspan="2">国内下游用户企业家数:</td></tr>
<tr><td colspan="4">本企业采购国产料件额(万$):</td></tr>
</table>

上年度加工贸易主要进口商品(按以下分类序号选择"√",每类可多项选择)
大类:□1. 初级产品　□2. 工业制成品
中类:□A. 机电　□B. 高新技术　□C. 纺织品　□D. 工业品　□E. 农产品　□F. 化工产品
小类:□a. 电子信息　□b. 机械设备　□c. 纺织服装　□d. 鞋类　□e. 旅行品、箱包　□f. 玩具 □g. 家具　□h. 塑料制品　□i. 金属制品　□j. 其他　□k. 化工产品

上年度加工贸易主要出口商品(按以下分类序号选择"√",每类可多项选择)
大类:□1. 初级产品　□2. 工业制成品
中类:□A. 机电　□B. 高新技术　□C. 纺织品　□D. 工业品　□E. 农产品　□F. 化工产品
小类:□a. 电子信息　□b. 机械设备　□c. 纺织服装　□d. 鞋类　□e. 旅行品、箱包　□f. 玩具 □g. 家具　□h. 塑料制品　□i. 金属制品　□j. 其他　□k. 化工产品

生产能力	厂房面积:(平方米)	仓库面积:(平方米)
	生产规模:(主要产出成品数量及单位)	
	累计生产设备投资额(万美元):(截至填表时)	
	累计加工贸易进口不作价设备额(万美元):(截至填表时)	

续表

企业承诺:以上情况真实无讹并承担法律责任	法人代表签字:	企业盖章 年 月 日
商务部门审核意见:	审核人:	审核部门签章 年 月 日
备注:		

说明:1.有关数据如无特殊说明均填写上年度数据;

2.如无特别说明,金额最小单位为"万美元"和"万元"。

③经营企业委托加工的,应当提交经营企业与加工企业签订的委托加工合同及商务主管部门签发给加工企业的"加工贸易企业经营情况及生产能力证明"。

④经营企业对外签订的合同:属来料加工的,提交来料加工协议或合同;属进料加工的,提交进料加工进口合同;属对口加工的,提交进口合同和出口合同。

⑤海关认为需要提交的其他证明文件和材料。一般来说,主要包括企业营业执照复印件、税务登记复印件、生产流程介绍、排料图等。

5.1.3 海关对加工贸易备案合同的审核重点

①海关需首先确认企业提交的单证是否齐全、正确、有效,单证之间是否一致,有无加工贸易禁止类商品等。对单证齐全有效的,海关受理企业申请。

单证不全或者单证无效的,海关不予受理,按规定制发"中华人民共和国××海关行政许可申请不予受理决定书",并一次性告知企业不予受理的原因,企业可以对照相应的原因予以更正并重新提交。

②海关进一步通过电子数据重点审核备案内容,包括:进口料件备案数量是否合理,料件性质、用途是否准确,申报价格是否正常;结合企业备案资料,审查企业进口料件的备案总量是否超出企业生产能力;加工成品的商品编码、品名、计量单位是否符合规范,数量、单耗是否合理;加工贸易合同进出口是否平衡,原料进口总额和成品出口总额的比例是否合理等。

5.1.4 加工贸易合同备案的内容

①企业手册的基本信息及表头部分,主要包括:一是经营单位名称及海关注册编码、收货单位名称及海关注册编码;二是监管方式,即企业的贸易性质,对于加工贸易企业而言,具体包括进料对口(监管方式:0615)、进料非对口(监管方式:

0715）、来料加工（监管方式：0214）、不作价设备（监管方式：0320）；三是有效期限。

②进口料件。

③出口成品。

④成品对应料件单耗情况。

5.1.5 加工贸易合同备案流程

海关在 5 个工作日内，对于企业申请备案的内容符合要求，且无超期未核销登记手册记录的，予以备案并核发加工贸易手册。具体流程如图 5.2 所示。

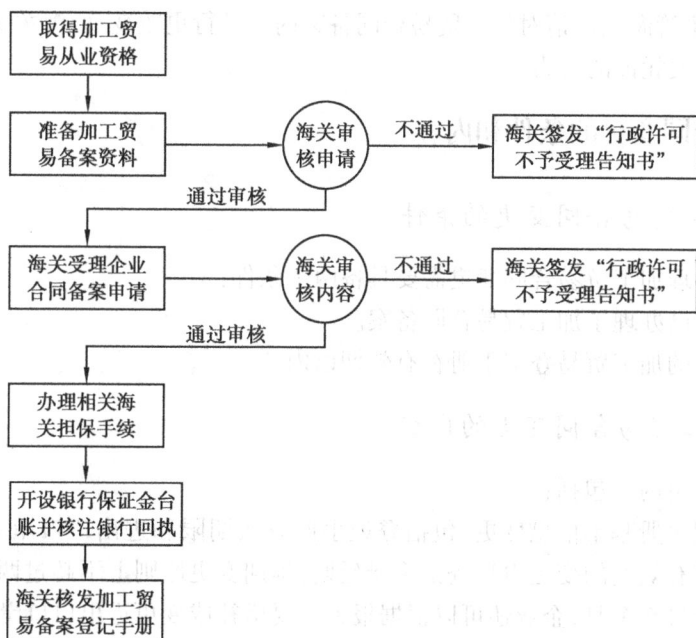

图 5.2 加工贸易登记手册备案流程图

需要开设台账的，由海关开出"银行保证金台账开设联系单"，并根据银行回执核注银行开出的"银行保证金台账开设通知单"；然后为企业核发加工贸易合同备案登记手册并加盖海关行政许可专用章。

无须开设台账的，直接为其核发合同备案登记手册并加盖海关行政许可专用章。

任务 2　加工贸易合同的变更

5.2.1　加工贸易合同变更的含义

加工贸易合同变更,也称加工贸易变更,是指加工贸易企业持商务主管部门签发的加工贸易业务批准件、新的进出口合同(协议)、加工贸易登记手册等有关单证资料,到主管海关申请对加工贸易合同备案内容进行更改变动,海关核准同意后予以核发有关凭证的行为。

5.2.2　合同变更的条件和内容

1)加工贸易合同变更的条件

企业办理加工贸易合同变更需要具备两个条件:
①企业已办理了加工贸易合同备案。
②企业的加工贸易登记手册在有效期以内。

2)加工贸易合同变更的内容

合同变更内容包括:
①登记手册基本信息变更,包括登记手册有效期限和进出口口岸的变更。延长登记手册有效期的变更也称登记手册延期,延期变更原则上不超过两次,每次延期一般不超过 6 个月;企业还可以根据报关需要增补或变更进出口口岸。
②企业备案进口料件及出口成品的基本信息变更,包括商品编码、商品名称、规格型号、计量单位等。
③进口料件及出口成品数量信息变更,包括数量、单价及进出口总值。企业可以根据需要增加或减少进口料件及出口成品的数量、变更单价,通知变更总价及出口总值。
④成品对应料件的单耗及损耗变更。加工贸易合同实际单损耗发生变化的,加工贸易企业最迟应在最后一批成品出口前向主管海关办理变更手续。

5.2.3　加工贸易合同变更流程

海关在审核企业提交的相关单证后,对于符合规定的合同变更申请予以办理。需开设台账的,开出"银行保证金台账变更联系单",并根据银行回执核注银行开设的"银行保证金台账变更通知单"后,为企业核发变更后的加工贸易登记手册并加盖海关行政许可专用章。

无须开设台账的,直接核发变更后的加工贸易手册并加盖海关行政许可专用章。

加工贸易合同变更流程如图5.3所示。

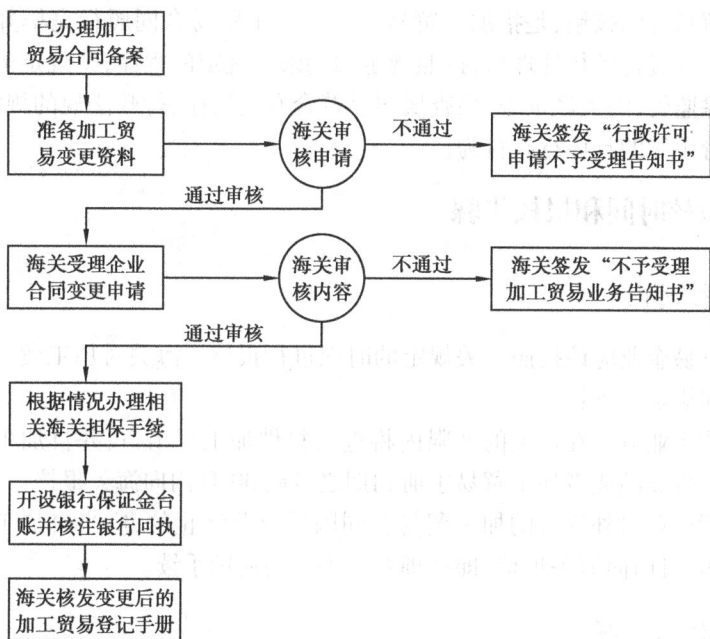

图5.3 加工贸易登记手册变更流程图

任务3 加工贸易合同核销

5.3.1 基本概念

1)加工贸易合同报核

加工贸易合同报核是指加工贸易企业在加工贸易合同履行完毕或者终止合同并按规定对未出口部分货物进行处理后,按照规定的期限和规定的程序,向加工贸易主管海关申请核销结案的行为。

加工贸易合同到期或执行完毕,企业向海关报核是一种法定义务,逾期不报核将承担相应的法律责任,企业申请报核是海关核销启动的要件。

2)加工贸易合同核销

《海关法》第三十三条规定,"企业使用进口保税料件开展加工贸易的,应当向海关办理核销手续"。

加工贸易合同核销,是指加工贸易企业在加工贸易合同履行完毕并按照规定对未出口部分货物进行处理后,按照规定的期限和规定的程序,持规定的单证向海关申请解除监管,海关经审查、核查属实且符合有关法律、行政法规的规定,予以办理解除监管手续的具体行政行为。

5.3.2 报核时间和报核步骤

1)报核时间

加工贸易企业应该按照海关规定的时限进行报核。海关对加工贸易登记手册的报核时间规定如下:

①经营企业应当在规定的期限内将进口料件加工复出口,并自加工贸易手册项下最后一批成品或者加工贸易手册到期之日起 30 日内向海关报核。

②经营企业对外签订的加工贸易合同因故提前终止的,应当自加工贸易合同终止日起 30 日内向海关报核,即办理登记手册的注销手续。

2)报核的步骤

企业掌握好报核的步骤很重要,不仅能体现企业内部加工贸易作业单证规范管理的程度,也可以加快海关核销的速度。

企业报核的基本步骤如下:

①加工贸易合同履行后,及时将登记手册和进出口报关单进行收集、整理、核对。

②根据企业仓库账册实际出入库记录及相关统计报表,核实与报关单的申报型号、规格、数量是否一致。

③根据生产工单、BOM 等数据核实加工贸易手册备案的单耗是否一致,并据以填写核销核算平衡表。

④填写核销预录入申请单,委托报关公司办理"报核预录入"手续。

⑤携带报核需要的有关单证,到所在地主管海关报核。

5.3.3　报核单证的填制

1）报核需提交的单据

企业在办理加工贸易登记手册报核时必须提交下列单证：

①签有企业公章的"核销申请表"。

②进、出口报关单原件(核销联)。

③加工贸易登记手册,包括海关核发的分册、续本。

④其他海关核销需要的单证,例如为确认单耗所需的工艺说明、排版图、配方表等。

经审核,企业提供的报核单据齐全有效的,海关予以接受报核；不符合海关规定的,海关一次性告知企业不予受理的原因。

2）报核单证的填制

核销申请表是对报核登记手册内容的总体概述,填制该表需要说明的有两点：一是"实际进口额"和"实际出口额",指的是该登记手册实际申报进口或者出口金额的汇总,很多企业填制时,会将备案金额填入；二是"BOM 表""排列图""工艺说明""其他单耗资料"4 种资料,是对单耗的不同表述,因此企业可以根据自己公司单耗的具体格式向海关申报即可。

"核销申请表"的填制说明如下：

①料件 1 余料量 = 实际进口数量(即合计数) − 已转出数量 − 征税内销数量 − 料件 1 总耗用量 − 残次品。

②料件 1 总耗用量 = 出口成品 1 实际耗用量 + 成品 1 的非工艺损耗量 + 出口成品 2 实际耗用量 + 成品 2 的非工艺损耗量……

③出口成品实际耗用量 = 出口数量 × 单耗 = 出口数量 × (净耗 + 工艺损耗)。

④"处理方法"一栏填写对余料的处理意见,可以根据对余料的实际处理填写"余料结转""征税""退运"或其他。

⑤"备注",填写对边角料和非工艺损耗料件的总量及处理意见以及其他情况说明。

表 5.6 核销申请表

登记手册编号		进口合同号		出口合同号	
实际进人料件情况		实际进口额		实际出口额	

项号	品名和规格	单位	实际进口/转出成品耗料情况				成品 1：出品数量：单耗	总耗	成品 2：出品数量：单耗	总耗	成品 3：出品数量：单耗	总耗	成品 4：出品数量：单耗	总耗	剩余料件/残次品情况					处理方式：结转/退运/放弃	备注
			实际进口/转出成品数量												纳税内销情况						
			进口	深加工结转	余料结转	总计									总耗	数量	总价	数量			

边角料/副产品/受灾货物情况					申报核销单据			缴税情况	
品名和规格	单位	数量	价值	处理方式	登记手册数量	主册		关税税额	
						续册		增值税额	
						分册		消费税额	
					报关单份数	进口			
						出口			
					核销申请表	页			
					其他单据				

本表内容申报无讹，如有不实，本企业愿承担相应的法律责任。

经营企业盖章 经办人签字	加工企业盖章 经办人签字
年 月 日	年 月 日
经营企业电话	加工企业电话

5.3.4 加工贸易核销中的常见问题和解决方法

在加工贸易登记手册核销过程中,有时会发现诸如进口料件多了、少了等一些问题,这时需要认真分析查找原因,并采取相应对策。

1)料件短缺(盘亏)及处理

造成料件短缺的主要原因有:
①进口时报少了。
②出口时少报了。
③实际损耗多于理论损耗。
④内销后未征税。
⑤用于试生产后未统计。

对于上述料件短缺(盘亏),企业首先要查找原因,确定短缺的具体数量,海关根据加工贸易相关规定进行处理。如果是由于第1,2条原因造成的料件短缺,涉嫌违规或者走私的,还将移交缉私部门处理。

2)料件盈余(盘盈)的处理

核销中造成料件盈余的主要原因有:
①进口时少报多进。
②出口时多报少出。
③实际损耗少于理论损耗。

对于上述盈余料件,企业可以根据自身需要选择退运、内销征税、放弃等途径;如果可以继续用于生产加工贸易成品出口的,则可以余料结转的方式转入下一本登记手册中。

3)核销环节发现进出口时申报错误

如果企业进入核销环节后,发现进出口时将品名、项号等内容申报错误的,应该到原进出口申报海关进行删单重报。如果登记手册到期的,可以向主管海关申请延期。

4)余料结转的办理

企业申请将核销剩余料件转入另一本登记手册继续生产产品的,应认真填写"加工贸易剩余余料结转联系单"品名、规格、数量、价格等各项,经海关加工贸易监管部门核准签章后,随附转入和转出登记手册及相关单据向海关申报。余料结转完毕后,将结转报关单及时提交海关加工贸易监管部门,办理核销手册。

结转过程中要注意以下几点,一是转入登记手册与转出登记手册必须系同一经营企业同种贸易方式;二是转入登记手册必须是尚未到期,且产品未出口完毕;三是转入登记手册必须备案有相应的料件名,且数量未超过备案进口量;四是申请结转的剩余料件与实际情况应保持一致。

表5.7　加工贸易剩余料件结转联系单

关剩余料件结转〔20　　〕　　号

企业名称:			转出登记手册号:		
转入登记手册号:					
项号	料件名称	商品编码	规格型号	结转数量(单位)	备注
加工贸易部门批注意见:					
				(印章)	
				年　月　日	

注:本表格一式三份,一份转出登记手册由主管海关海关部门留存,一份转入登记手册由主管海关通关部门留存,一份加工贸易部门留存。

5)核销结案

经海关审核,加工贸易登记手册或电子账册单证齐全规范有效、单耗合理、进出平衡的,核销部门在办理计算机过机后,出具盖章"加工贸易结案通知书",企业应妥善保存。

案　例

加工贸易企业如何办理登记手册有效的变更

某日,某钢铁厂冲压制造企业至主管海关加工贸易监管部门办理加工贸易合同变更手续。其所持的相关材料为：①商务部门签发的加工贸易业务批准变更证明；②企业的加工贸易合同变更书面申请；③经营企业对外签订的新的合同；④报关公司预录入的合同备案数据；⑤需要变更的加工贸易登记手册。

海关审核企业递交的备案材料，发现企业在变更申请中说明登记手册的增补部分为进口料件和出口成品的数量，故申请将登记手册有效期延期1年。由于海关对登记手册延期的办理原则上不得超过半年，因此，海关向企业出具了"中华人民共和国××海关不予办理加工贸易业务决定书"，并一次性告知企业不予办理的原因，如下所示。

中华人民共和国××海关
不予办理加工贸易业务决定书

××海关许可（××）号

××公司：

××年×月×日，你公司向我关申请加工贸易登记手册延期变更。经审查：

你公司申请不符合《中华人民共和国海关法》第三十三条及《中华人民共和国海关对加工贸易货物监管办法》第十八条的有关规定。根据《中华人民共和国行政许可法》第三十八条第二款的规定，我关决定不予办理。

你公司对本决定有异议的，可按照《中华人民共和国行政复议法》第九条、第十二条，《中华人民共和国行政诉讼法》第三十九条之规定，自本决定书送达之日起60日内向××海关申请行政复议，或者自本决定书送达之日起3个月内，直接向××中级人民法院起诉。

××海关（盖章）
××年×月×日

企业应于次日重新提交加工贸易合同变更相关资料，并调整登记手册预录入资料的合同有效期限。

海关经审核，企业提交的相关资料真实有效，变更内容符合海关相关规定的，准予办理加工贸易合同变更。经初审、复审系统过机，产生"银行保证金台账变更联系单"，由于企业备案内容涉及电镀锌钢板等限制类商品，因此生产的台账为"实转"台账。企业至中国银行缴纳了相应的实转台账保证金，取得银行返还的"银行保证金台账变更通知单"并提交海关。海关核注银行开出的"银行保证金台账变更通知单"，在企业登记手册上加盖行政许可专用章，并向企业核发变更后的加工贸易登记手册。

课后习题

一、名词解释

加工贸易合同备案　加工贸易合同报核　加工贸易合同核销　核销结案

二、填空题

1. 加工贸易合同变更,也称加工贸易变更,是指加工贸易企业持商务主管部门签发的_____、_____、_____等有关单证资料到主管海关申请对加工贸易合同备案内容进行变更,海关核准同意后予以核发有关凭证的行为。

2. 企业办理加工贸易合同变更需要具备_____和_____两个条件。

3. 企业备案进口料件及出口成品的基本信息变更,包括_____、_____、_____等。

4. 延长登记手册有效期的变更也称登记手册延期,延期变更原则上不超过_____次,每次延期一般不超过_____个月。

5. 核销中造成料件盈余的主要原因有_____、_____、_____等几个方面。

三、简答题

1. 简述加工贸易合同备案应准备的材料。

2. 简述加工贸易合同备案的内容。

3. 简述加工贸易合同变更的内容。

4. 简述海关对加工贸易登记手册报核时间的规定。

5. 简述加工贸易合同报核的步骤。

项目6　其他保税加工货物的监管

任务1　加工贸易不作价设备监管

6.1.1　加工贸易不作价设备的申请与进口

1)加工贸易不作价设备

(1)概念

加工贸易不作价设备是指与加工贸易经营企业开展加工贸易(包括来料加工、进料加工以及外商投资企业履行产品出口合同)的境外厂商,免费(不需要境内加工贸易经营企业付汇,也不需要加工费或差价偿还)向经营单位提供的加工生产所需设备。

加工贸易进口设备必须是不作价的,可以是由境外厂商免费提供,也可以是向境外厂商免费借用(临时进口不超过半年的单件的模具、机器除外),进口设备的一方不能以任何方式、任何途径,包括用加工费扣付、出口产品减价等方式来偿付提供设备的一方设备价款或租金。

(2)范围

加工贸易境外厂商免费提供的不作价设备,如果属于国家禁止进口商品和《外商投资项目不予免税的进口商品目录》所列商品,海关不能受理加工贸易不作价设备申请。除此以外的其他商品,加工贸易企业可以向海关提出加工贸易不作价设备免税进口申请。

(3)特征

加工贸易不作价设备与保税加工货物进境后,虽然都用于加工贸易生产,但有明显的区别,主要区别在于:加工贸易不作价设备是加工贸易生产设备,进境后使用时一般不改变形态,国家政策不强调复运出境;保税加工货物是加工贸易生产料件,进境后使用时一般改变形态,国家政策强调加工后复运出境。

加工贸易不作价设备与特定减免税设备都是免税进境的生产设备,但在海关管理上有明显的区别:加工贸易不作价设备按保税货物管理,特定减免税设备按特定减免税货物管理。

加工贸易不作价设备与保税加工货物、特定减免税货物一样,在进口放行后需要继续监管。

2)加工贸易不作价设备登记手册的申请

企业申请不作价设备登记手册,需要首先向当地商务主管部门提出申请,经批准后,持外经贸主管部门批准的加工贸易合同(协议)和加工贸易业务批件以及"加工贸易不作价设备申请备案清单",向当地主管海关申请办理免税进口备案手续。

具体办理流程是:企业申报有关材料并上报电脑数据—商务部门审核—颁发批准证—企业向海关申报备案—海关审核—发出登记手册。

3)申请不作价设备批准证需要提供的资料

企业向商务部门申请不作价设备批准证,需要提供下列资料:

①企业进口加工贸易不作价设备申请表一份。

②加工贸易进口不作价设备合同(协议)一份。

③加工贸易业务批准证申请表一份。

④加工贸易不作价设备申请备案表一份。

⑤审批机关需要的其他材料。

4)申报办理不作价设备登记手册需要提供的资料

企业向海关申请办理不作价设备登记手册,需要提供下列资料:

①企业加工合同备案表、加工贸易登记手册。

②加工贸易进口不作价设备合同(协议)。

③加工贸易不作价设备备案申请表和加工贸易不作价设备批准证。

④加工贸易不作价设备申请备案清单。

⑤企业情况说明。

⑥海关需要的其他单证。

其中,加工贸易进口不作价设备合同(协议)由申请企业与外商企业签订。向海关提交该资料时,必须加盖申请企业的正本公章或合同专用章,外商可以用复印章;加工贸易不作价设备批准证由当地外经贸部门审批。企业须在加工贸易合同(协议)中列明进口不作价设备的条款(即列明外商以免费方式提供,不需加工贸易经营单位付汇进口,也不需用加工费或差价偿还设备款)。

加工贸易合同(协议)备案地主管海关根据商务主管部门批准的加工贸易合同(协议)和"加工贸易不作价设备申请备案清单"以及其他有关单证,对照《外商投资项目不予免税的进口商品目录》进行审核,审核同意后,予以备案并核发"D登记手册"(因海关对不作价设备核发的登记手册均以英文字母D开头,简称"D登记手册")。企业凭此登记手册办理加工贸易不作价设备的进出口通关手续。

5)不作价设备的进口

加工贸易企业凭主管海关核发的"D登记手册"向口岸海关办理报关手续,口岸海关凭此免税验放。

加工贸易企业申报进口加工贸易不作价设备时,应按照海关公布的《报关单填制规范》准确无误地填报进口报关单,其中"监管方式"一栏填写"不作价设备",监管方式代码为"0320"。

加工贸易企业进口的不作价设备,如果属于国家实行进口许可证件管理的,可以免予办理。

6.1.2 对加工贸易不作价申报的管理与控制

1)企业对不作价设备的管控

加工贸易免税不作价设备自进口之日起至退运出口并按照海关规定解除监管止,属海关监管货物。监管期限为5年,在监管期限内,不得擅自在境内销售、串换、转让、抵押或移作他用。即是说不作价设备只要在海关的监管期内,企业除正常使用外的任何处置都必须先向海关申请并办结相关手续,否则就有可能构成走私货违规嫌疑。

我们来看一个例子:A公司两年前以"不作价设备"贸易方式从英国母公司进口了一台注塑机,现在由于母公司计划调整,要将这台设备转至国内另一家子公司B进行生产,那么,A公司可以直接将注塑机运到B公司吗?

根据海关现行规定,这显然是不可以的。这台注塑机是以A公司名义进口的,设备必须在A公司范围内使用,且必须用于加工贸易出口产品的生产。如果B公司想用这台设备,则有两种操作方法:第一,由A公司将设备退运至英国母公司或保税物流中心,B公司再办理不作价登记手册进口;第二,A公司直接通过"D登记手册"将设备"结转"至B公司,贸易方式用"加工贸易结转设备"(代码0456)。

对于第一种方法,B公司直接进口不作价设备,海关的监管期限仍是5年;对于第二种方法,B公司从A公司结转进口不作价设备,海关监管期限如何计算,尚无文件明确规定,目前参照减免税设备的监管办法,即"结转设备的监管期限以原进口放行之日起连续计算"。对于这个例子来说,海关对 B 公司的监管期限是3 年。

免税不作价设备在监管期间,加工贸易经营单位要在每年的 1 月份分别向商务主管部门和主管海关书面报告免税不作价设备的使用情况,并接受海关的定期核查。

企业书面报告内容一般包括:该设备是否在本工厂使用;生产中的哪一个环节需要用到该设备;该设备生产出的产品有哪些以及这些产品的内外销比例各占多少,等等。

2) 不作价设备登记手册的延期

企业申请办理不作价设备登记手册时,海关批准的有效期限一般是 1 年。1年期满后,企业如需继续使用该本登记手册项下进口的不作价设备,则需要向主管海关提出延期申请。

企业延期申请需要提供的资料有:

①商务主管部门签发的"加工贸易业务批准证"变更证明。

②加盖企业公章的延期申请表。

③加工贸易登记手册。

④海关需要的其他单证和资料。

有下列情形之一的,海关不予批准企业的延期申请:

①经营企业未在登记手册的有效期限内向海关申请办理延期手续的。

②经营企业申报延期的理由与实际情况不符的。

③法律、行政法规、规章规定不予延期的其他情形。

6.1.3 不作价设备登记手册核销

加工贸易不作价设备自进口之日起至按海关规定解除监管止,属海关监管货物企业应按海关规定保管、使用。加工贸易不作价设备海关监管期限一般是 5 年。申请解除海关监管有两种情况。

1) 监管期内

监管期限未满,企业申请提前解除监管,主要有 5 种情况:

(1) 结转

加工贸易不作价设备在享受同等级待遇的不同企业之间的结转以及加工贸易不作价设备转为减免税设备,转入和转出企业分别填制进、出口货物报关单,报关单"贸易方式"栏根据报关企业所持加工贸易登记手册或征免税证明,分别选择填报:"加工贸易设备结转""减免税设备结转"。

(2)转让

转让给不能享受减免税优惠或者不能进口加工贸易不作价设备的企业,必须由原备案加工贸易合同或者协议的商务主管部门审批,并按照规定办理进口海关手续,填制进口货物报关单,提供相关的许可证件,按照以下计算公式确定完税价格,缴纳进口关税:

加工贸易不作价设备进口关税＝转让设备进口完税价格(CIF 条款下)×{1－[按加工贸易不作价设备规定条件使用月数÷(5×12)]}

不足15天的,不计月数,超过或者等于15天的作为1个月计算。

(3)留用

监管期未满本企业移作他用或者虽未满监管期但加工贸易合同已经履行本企业留用的,必须由原备案加工贸易合同或者协议的商务主管部门审批,并按照规定办理进口海关手续,填制进口货物报关单,提供相关的许可证件,也可以按照上述计算公式确定完税价格缴纳进口关税。

(4)修理、替换

进境加工贸易不作价设备需要出境修理或者由于质量或规格不符,需要出境替换的,可以使用加工贸易不作价设备登记手册申报出境和进境,也可以按照出境修理货物或者无代价抵偿货物办理海关进出境手续。

(5)退运

监管期内退运,应当由原备案加工贸易合同或者协议的商务主管部门审批,凭批准件和加工贸易不作价登记手册到海关办理。

2)监管期满

加工贸易不作价设备5年监管期满,如不退运出境,可以留用,也可以向海关申请放弃。

(1)留用

监管期限已满的不作价设备,要求留在境内继续使用,企业可以向海关申请解除监管,也可以自动解除海关监管。

(2)放弃

监管期满既不退运也不留用的加工贸易不作价设备,可以向海关申请放弃,海关比照放弃货物办理有关手续。

任务2 出料加工货物

6.2.1 概述

1）含义

出料加工货物是指我国境内企业运到境外进行技术加工后复运进境的货物。

2）原则

出料加工的目的是为了借助国外先进的加工技术提高产品的质量和档次。因此，只有在国内现有的技术手段无法或难以达到产品质量要求而必须运到境外进行某项工序加工的情况下，才可开展出料加工业务。

出料加工原则上不能改变原出口货物的物理形态。对完全改变原出口货物物理形态的出境加工，属于一般出口。

3）管理

出料加工货物自运出境之日起6个月内应当复运进境；因正当理由不能在海关规定期限内将出料加工货物复运进境的，应当在到期之前书面向海关说明情况，申请延期。经海关批准可以延期，延长期限最长不得超过3个月。

6.2.2 程序

1）备案

开展出料加工的经营企业应当到主管海关办理出料加工合同的备案申请手续。海关根据出料加工的有关规定审核决定是否受理备案，受理备案的应当核发"出料加工手册"。

2）进出口

（1）出境申报

出料加工货物出境，发货人或其代理人应当向海关提交手册、出口货物报关单、货运单据及其他海关需要的单证申报出口、属许可证件管理的商品，免交许可证件；属应征出口税的，应提供担保。

为实现有效监管,海关可以对出料加工出口货物附加标志、标记或留取货样。

（2）进境申报

出料加工货物复运进境,收货人或其代理人应当向海关提交手册、进口货物报关单、货运单据及其他海关需要的单证申报进口,海关对出料加工复运进口货物以境外加工费、材料费、复运进境的运输及其相关费用和保险费审查确定完税价格征收进口关税和进口环节海关代征税。

3）核销

出料加工货物全部复运进境后,经营人应当向海关报核,海关进行核销,提供担保的,应当退还保证金或者撤销担保。

出料加工货物未按海关允许期限复运进境的,海关按照一般进出口货物办理:将货物出境时收取的税款担保金转为税款,货物进境时按一般进口货物征收进口关税和进口环节海关代征税。

任务 3　无代价抵偿货物

6.3.1　概述

1）含义

无代价抵偿货物是指进出口货物在海关放行后,因残损、短少、品质不良或者规格不符,由进出口货物的发货人、承运人或者保险公司免费补偿或者更换的与原货物相同或者与合同规定相符的货物。

收发货人申报进出口的无代价抵偿货物,与退运出境或者退运进境的原货物不完全相同或者与合同规定不完全相符的,经收发货人说明理由,海关审核认为理由正当且税则号列未发生改变的,乃属于无代价抵偿货物范围。

收发货人申报进出口的免费补偿或者更换的货物,其税则号列与原进出口货物的税则号列不一致的,不属于无代价抵偿货物范围,属于一般进出口货物范围。

2）特征

无代价抵偿货物海关监管的基本特征如下:

①进出口无代价抵偿货物免于交验进出口许可证。

②进口无代价抵偿货物,不征收进口关税和进口环节海关代征税;出口无代价

抵偿货物,不征收出口关税。但是进出口与原货物或合同规定不完全相符的无代价抵偿货物,应当按规定计算与原进出口货物的税款差额,高出原征收税款数额的应当征收超出部分的税款,低于原征收税款,原进出口货物的发货人、承运人或者保险公司同时补偿货款的,应当退还补偿货款部分的税款,未补偿货款的,不予退还。

③现场放行后,海关不再按照无代价抵偿货物进行监管。

6.3.2 程序

无代价抵偿大体上可以分为两种:一种是短少抵偿,一种是残损、品质不良或规格不符抵偿。对两种抵偿引起的两类进出口无代价抵偿货物在报关程序上有所区别。

1)残损、品质不良或规格不符引起的无代价抵偿货物进出口海关手续

残损、品质不良或规格不符引起的无代价抵偿货物,进出口前应当先办理被更换的原进出口货物中残损、品质不良或规格不符货物的有关海关手续。

(1)原进口货物退运出境以及原出口货物退运进境

原进口货物的收货人或其代理人应当办理被更换的原进口货物中残损、品质不良或规格不符货物的退运出境的报关手续。被更换的原进口货物退运出境时不征收出口关税。

原出口货物的发货人或其代理人应当办理被更换的原出口货物中残损、品质不良或规格不符货物的退运进境的报关手续。被更换的原进口货物退运进境时不征收进口关税和进口环节海关代征税。

(2)原进口货物不退运出境,放弃交由海关处理

被更换的原出口货物中残损、品质不良或规格不符货物不退运出境,但原进口货物的收发货人愿意放弃,交由海关处理的,海关应当依法处理并向收货人提供依据,凭以申报进口无代价抵偿货物。

(3)原进口货物不退运出境也不放弃以及原出口货物不退运进境

被更换的原出口货物中残损、品质不良或规格不符货物不退运出境且不放弃交由海关处理的,原进口货物的收货人应当按照海关接受无代价抵偿货物申报进口之日适用的有关规定申报进口,并按照海关对原进口货物重新估定的价格计算的税额缴纳进口关税和进口环节海关代征税,属于许可证件管理的商品还应当交验相应的许可证件。

被更换的原出口货物中残损、品质不良或规格不符货物不退运进境,原出口货物的收货人应当按照海关接受无代价抵偿货物申报出口之日适用的有关规定申报

出口,并按照海关对原出口货物重新估定的价格计算的税额缴纳出口关税,属于许可证件管理的商品还应当交验相应的许可证件。

2)向海关申报办理无代价抵偿货物进出库手续的期限

向海关申报进出口无代价抵偿货物应当在原进出口合同规定的索赔期内,而且不超过原货物进出口之日起3年。

3)无代价抵偿货物报关应当提供的单证

收发货人向海关申报无代价抵偿货物进出口时除应当填制报关单和提供基本单证外,还应当提供其他特殊单证。

(1)进口申报需要提交的特殊单证

①原进口货物报关单。

②原进口货物退运出境的出口货物报关单,或者原进口货物交由海关处理的货物放弃处理证明,或者已经办理纳税手续的单证(短少抵偿的除外)。

③原进口货物税款缴纳书或者进出口货物征免税证明。

④买卖双方签订的索赔协议。

海关认为需要时,纳税义务人还应当提交具有资质的商品检疫机构出具的原进口货物残损、短少、品质不良或者规格不符的检验证明书或者其他有关证明文件。

(2)出口申报需要提交的特殊单证

①原出口货物报关单。

②原出口货物退运进境的进口货物报关单或者已经办理纳税手续的单证(短少抵偿的除外)。

③原出口货物税款缴纳书。

④买卖双方签订的索赔协议。

海关认为需要时纳税义务人还应当提交具有资质是商品检验机构出具的原出口货物残损、短少、品质不良或者规格不符的检验证明书或者其他有关证明文件。

案　例

不作价设备的处理问题

Helen:钱关员,您好!我们公司两年前进口的一台不作价设备,目前对于公司已没有什么使用价值了,我们可以就地报废处理吗?

钱关员:不可以,海关对不作价设备的监管期限是5年,那台设备还不满海关监管期,您想处理的话必须先来海关办理提前解除监管手续。

Helen:那提前解除监管需要缴税吗?

钱关员:如果您不准备退运的话,是需要补缴关税、进口环节增值税的,并且提供相关进口许可证,海关凭此办理解除监管手续。

Helen:有没有不用缴税的操作办法呢?

钱关员:满监管期后,退运出境就是一种办法。

Helen:好的,谢谢!我向经理汇报后再给您我们具体的处理意见。

课后习题

一、名词解释

加工贸易不作价设备　出料加工货物　无代价抵偿货物

二、填空题

1.加工贸易进口设备必须是不作价的,可以是由境外厂商_____提供,也可以是向境外厂商免费_____。

2.加工贸易免税不作价设备自进口之日起至退运出口并按照海关规定解除监管止,属海关监管货物。监管期限为_____年,在监管期限内,不得擅自在境内_____、_____、_____或移作他用。

3.企业申请办理不作价设备登记手册时,海关批准的有效期限一般是_____年,期满后,企业如需继续使用该本登记手册项下进口的不作价设备,则需要向主管海关提出_____。

4.加工贸易不作价设备监管期限未满,企业申请提前解除监管,主要有_____、_____、_____、_____、_____情况。

5.出料加工货物自运出境之日起_____个月内应当复运进境。

三、简答题

1.简述加工贸易不作价设备登记手册申请的流程。

2.简述加工贸易不作价设备的范围。

3.简述加工贸易不作价设备的特征。

4.申请办理不作价设备登记手册需要提供哪些资料?

5.简述无代价抵偿货物海关监管的基本特征。

项目 7 保税物流区域的建设

任务 1 认知保税物流区域建设

7.1.1 保税物流区域建设的背景及意义

1)保税物流区域建设的背景

改革开放以来,我国对外贸易始终保持着良好的发展势头,对国际、国内经济发展的推动作用日益增强。2001 年我国加入世贸组织以后,对外贸易更是焕发出勃勃生机,每年都以 20% 以上的速度递增。2007 年我国对外贸易进出口总额高达 2.17 万亿美元,进一步缩小了与第二大贸易国的差距。入世 6 年间合计进出口总值已超过从改革开放到"入世"之前 23 年的总和。

对外贸易蓬勃发展的同时,形成了以加工贸易为主要贸易方式、以外商投资企业为进出口主体的我国特有的贸易结构。2007 年 2 月商务部公布的数据显示,2006 年,中国加工贸易进出口总额 8 319 亿美元,同比增长 21%,占同期进出口总额的 47%。加工贸易出口 5 104 亿美元,同比增长 23%,占同期出口额的 53%。进口 3 215 亿美元,同比增长 17%,占同期进口额的 41%。

受 2008 年国际金融危机的影响,2009 年我国对外进出口贸易总额和加工贸易进出口总额均出现下降。但从 2010 年起,均逐渐恢复至 2008 年前水平,并开始稳步回升。至 2012 年,我国对外进出口贸易总额从 2009 年的 2.2 万亿美元增长至 3.8 万亿美元,加工贸易进出口总额从 0.9 万亿美元增长至 1.3 万亿美元,已超过金融危机爆发前的水平。

我国自实行加工贸易政策以来,加工贸易实现持续快速增长。进入 21 世纪以来,进出口总额从 2000 年的 4 742.9 亿美元提高到 2012 年的 38 667.5 亿美元,扩大了 8.15 倍。同期,加工贸易从 2000 年的 2 302.1 亿美元提高到 2012 年的 13 439.5亿美元,扩大了 5.84 倍。

在我国,现代物流业尽管还是一个新兴的行业,但经过近几年的发展,现代物流产业已经为我国的经济增长带来了巨大的效益。据统计,我国70%的物流服务提供商在2005—2008年,年均业务增幅都高达300%。随着经济全球化进程的持续发展和科学技术水平的不断提高,社会化、专业化的分工不断深化,社会经济对现代物流业的要求越来越高,特别是在我国加入WTO以后,我国加工贸易进出口业务获得空前发展。

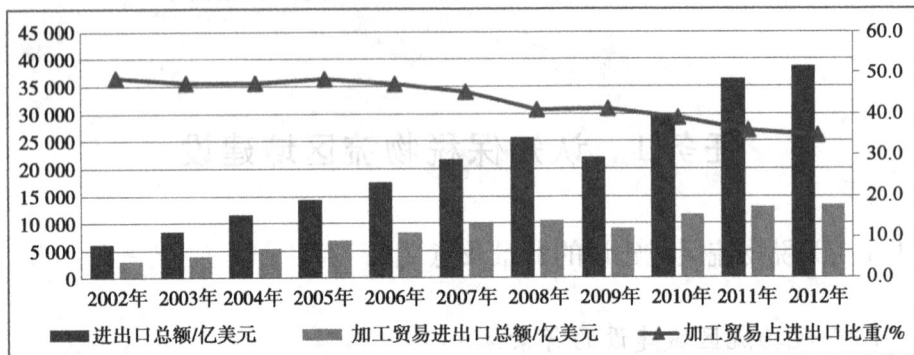

图7.1 2002—2012年中国进出口贸易总额与加工贸易进出口总额

注:数据来源包括中国统计年鉴、中国对外贸易经济统计年鉴、国家统计局中华人民共和国海关总署海关总署。

随着加工贸易进出口的大规模增长,中国成为很多跨国制造企业和流通企业的生产与采购基地,如何能够实现快速、高效和低成本地生产与流通,成为名副其实的"生产、采购基地";如何能够通过"生产、采购基地"进一步推动加工贸易,甚至我国对外贸易的发展,这些都需要将物流发展提上议程,调整原有的保税制度,建设新形式的海关监管特殊区域——保税区域,如保税区、出口加工区、保税物流园区、保税港区、保税仓库、保税物流中心等。

2003年12月8日,国务院办公厅正式批复海关总署,同意"上海外高桥保税区港区联动试点方案"。2004年8月16日,国务院办公厅批复进一步扩大保税区与港区联动试点范围,同意青岛市保税港区、宁波市保税港区、大连市保税港区、张家港市保税港区、厦门市象屿保税区、深圳市盐田港保税区、天津市保税区与其临近港区开展联动试点。保税物流园区批准面积分别为:青岛保税物流园区1平方千米,宁波保税物流园区0.95平方千米,大连保税物流园区1.5平方千米,张家港保税物流园区1.53平方千米,厦门象屿保税物流园区0.7平方千米,深圳盐田港保税物流园区0.96平方千米,天津保税物流园区1.5平方千米和上海保税物流园区1.03平方千米。至此,全国保税物流园区面积已达9.17平方千米,目前都已经通过了国家验收。其中,上海外高桥保税物流园区为中国的第一家保税物流园区,而张家港保税物流园区则是我国最大的保税物流园区和内河港型保税物流园区。

2005 年 11 月，海关总署颁布了《中华人民共和国海关对保税物流园区的管理办法》，为保税物流园区发展提供了法律保障。全国保税物流园区批准规划面积开发率以及企业建成投入运行率平均达到 85%，累计进出区货物总值达到 316.1 亿美元，保税物流园区的区位和政策优势得到充分发挥，专业保税物流发展正成为保税物流园区快速起跑的动力。

2009 年上半年，国务院批准在重庆境内设立保税港区——两路寸滩保税港区，这是我国设立的第一个内陆保税港。两路寸滩保税港区近期规划主要采取"空港 + 水港"的保税港区模式。2010 年 2 月 26 日，重庆西永综合保税区正式挂牌。这是继两路寸滩保税港区后，内陆第一个综合保税区，也是中国规划面积最大的综合保税区。

至 2013 年，中国全境内已建有多个多种类的保税区域，例如保税区、保税物流中心、保税物流园区、保税港区以及综合保税区等。

图 7.2　上海外高桥保税区

2) 保税物流区域建设的意义

在一个地区筹建保税物流区域，从地区经济社会战略层面上来看，首先可以提高某一地区的竞争力；从保税物流中心所在的园区来看，可以完善园区的功能，促进园区招商，有利于引进跨国公司、知名企业、国际新兴产业等大型项目到本地区投资，提高招商引资的档次和水平；从保税物流中心建设的战略意义来看，通过保税物流中心可以有效整合物流资源，推进一个地区物流中心的服务水平，促进全球供应链形成，加快产业结构优化，对促进地区经济和社会发展有着重要作用。此外，还可以节约利用土地，同时减轻出口退税对地方财政的压力。

图 7.3　天津保税物流园区

图 7.4　太仓港保税物流中心

　　以上海和广州这两个保税出口加工区域出现较早的城市为例,由于开通了海运直通式通关模式,变两次放行为一次放行;对部分试点单位进行诚信管理,实施便捷的通关措施,采取了"分批进、出区,集中报关"模式和进出境备案环节"风险式通关"作业模式,有效降低了企业运作成本,同时加快了物流园区与其他口岸的直通以及与其他海关特殊监管区域的联动,使得当地进出口贸易常年保持快速增长的趋势。

　　对保税区域内的企业而言,通过保税物流园区进行"保税物流中心"的信息化管理,提高了通关的效率,缩短了流通时间,大大降低了企业的费用和成本,增强了企业的竞争力。尤其是对制造企业而言,提高了企业物流效率。深加工结转货物只要报关进入保税物流中心即可享受退税,避免了过去"一日游"的现象(将货物运到香港,不做任何加工,再运回国内)。保税物流中心有政策优势,进入中心视同进出口;在中心内注册的企业,可自动获得进出口经营权、国际货运代理权、货物境内运输权等。

图 7.5　重庆两路寸滩保税港区

图 7.6　重庆西永综合保税区

注:企业保税区进出口"一日游"的流程:

客户交单→预定当天拖车拖货→报关车辆入区(上午)→报关→报关车辆出区(下午)→工厂卸货

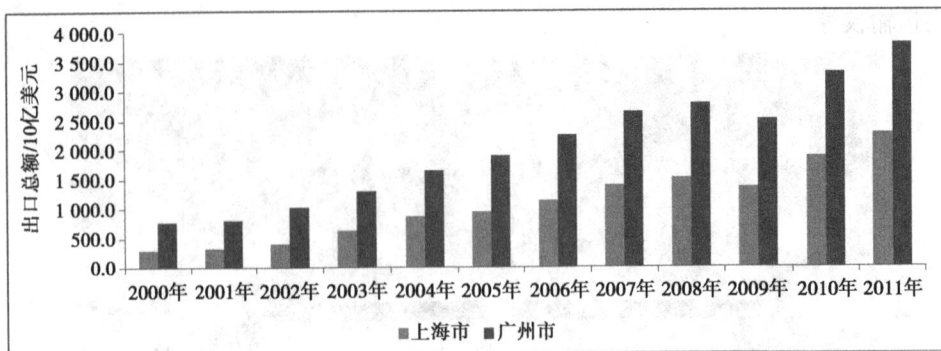

图 7.7　2000—2011 年上海、广州出口贸易总额

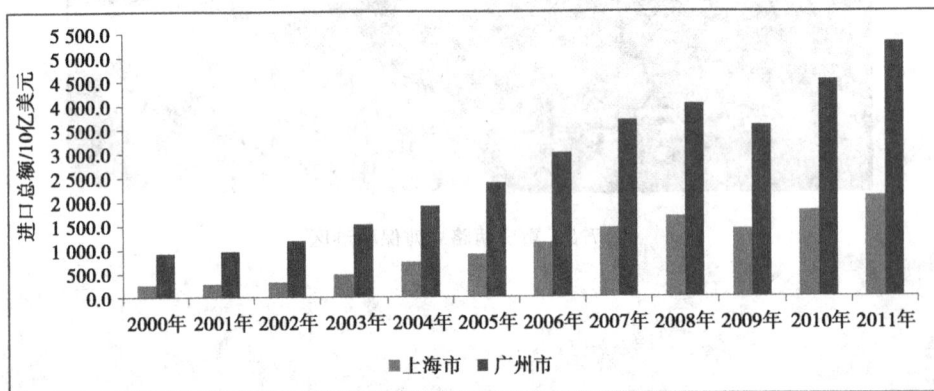

图 7.8　2000—2011 年北京、上海、广州进口贸易总额

"一日游"业务优势：

①进保税区视同出口既可收汇核销、退税、核销手册。

②报关、报检可以一批进,分批出。

③取代货物境外游,香港游,节省物流成本,缩短供货时间,且区内仓储费用低。

④加工贸易企业的产品可以供国内另外的加工贸易企业作为出品的料件,或者供国内可以享受该产品免税政策的企业使用。

⑤通关速度快;若是一般贸易方式报关,则须海关编码十位都得相同。

⑥对于原材料提供厂商,可以享受到国家出口退税的优惠,以退税后的商品价格参与市场竞争。

⑦对于原材料接收厂商,可以将采购国内料件及中间品的退税时间提前,有效降低资金成本。

7.1.2 保税物流区域的设立

在了解了保税物流区域建设的背景和意义后,接下来的问题就是,作为我国对外进出口贸易发展的重要推动力,有哪些形式的保税物流区域可供国家和地区的相关部门参考、因地制宜作出最好的保税物流区域建设的决策呢? 这就必须要了解我国现有的保税物流区域类型及其相关的特点。

1)保税区

(1)概念及特点

表 7.1 保税区与非保税区的政策比较

项　　目	保税区	非保税区
海关管理	实行保税制度,货物从境外运入保税区或从保税区运往境外,免进口税,免许可证	只是对保税仓库或保税工厂实行保税制度
	货物从保税区运往国内非保税区,视同进口;货物从国内非保税区运入保税区,视同出口	国外货物到达口岸后必须办理进口手续;国内货物离开口岸必须办理出口手续
	区内企业与海关实行电脑联网,货物进出采取 EDI 电子报关	只有少数大企业实行 EDI 电子报关
	以《保税区海关监管办法》为法规保障	
外汇管理	外汇收入实行现汇管理,既可以存入区内金融机构,也可以卖给区内指定银行	经常性外汇收入实行强制结汇,外汇必须卖给指定银行
	无论是内资企业,还是外商投资企业,均可以按规定开立外汇账户;不办理出口收汇和进口付汇核销手续	内资企业未经批准不得保留外汇账户;企业必须办理出口收汇和进口付汇核销手续
	经常项目下的外汇开支,中资企业和外商投资企业实行统一的管理政策,由开户银行按规定办理	内资企业在结、售汇等方面都与外商投资企业有区别

保税区(Bonded Area ;the low-tax ; tariff-free zone ;tax-protected zone)亦称保税

仓库区。这是一国海关设置的或经海关批准注册、受海关监督和管理的可以较长时间存储商品的区域;是经国务院批准设立的、海关实施特殊监管的经济区域,是我国目前开放度和自由度最大的经济区域。保税区是经国务院批准设立,具有保税仓储、出口加工、国际贸易、商品展示四大基本功能,全封闭的海关特殊监管区域。其具有以下特点:

①既有保税加工功能,又有保税物流功能。

②采用报关制和备案制相结合的方式。

③区内企业开展对外加工时,不实行银行保证金台账制。

④保税区与境外之间进口的货物,除实行出口被动配额管理的以外,不实行进出口配额、许可证管理,并且有"免税、保税"优惠。

⑤国际货物在保税区与境外之间自由进出,仓储时间不受限制。

⑥免税进入保税区的货物,按特定减免税货物监管。

(2)保税区的设立和功能启动

①保税区的设立由国务院批准。

②保税区的隔离设施经海关总署验收合格,并在海关机构进驻管理后,保税区的功能方能启动运营。

③保税区内出口企业、仓储企业和外资企业应持主管部门的批准书向海关办理登记备案,经海关核准备案后方能从事仓储和进出口业务。

实例——上海外高桥保税区

1990年6月,经中央批准,在上海创办了中国第一保税区——上海外高桥保税区。1992年以来,国务院又陆续批准设立了多个保税区和一个享有保税区优惠政策的经济开发区,即天津市保税区、大连市保税区、张家港市保税区、深圳市沙头角保税区、深圳市福田保税区、福州市保税区、海口市保税区、厦门市象屿保税区、广州市保税区、青岛市保税区、宁波市保税区、汕头市保税区、深圳市盐田港保税区、珠海市保税区以及海南洋浦经济开发区。上述保税区隔离设施已全部经海关总署验收合格,正式投入运营。

1992年,在邓小平同志南方谈话发表之后,各保税区纷纷加快了实质性启动,基本建设进展迅速,初步形成了招商引资的软硬环境,海内外客商投资踊跃,大多数保税区首期开发区域的土地已批租或出让完毕,并在进一步开发二期工程,吸引外资工作也出现了可喜的局面。

经过多年的探索和实践,全国各个地区的保税区已经根据保税区的特殊功能和依据地方的实际情况,逐步发展成为当地经济的重要组成部分,目前集中开发形成的功能有保税物流和出口加工。随着中国加入 WTO，全国保税区逐步形成区域性格局，南有以广州、深圳为主的珠江三角洲区域，中有以上海、宁波为主的长江三角洲区域，北有以天津、大连、青岛为主的渤海湾区域，三个区域的保税区成为中国与世界进行交流的重要口岸，并形成独特的物流运作模式。

图 7.9   上海外高桥保税区出入通道

2）出口加工区

（1）概念及设立

出口加工区（Export Processing Zone）是由国家划定或开辟的专门制造、加工、装配出口商品的特殊工业区。它是经济特区的形式之一，享受减免各种地方征税的优惠。出口加工区一般选在经济相对发达、交通运输和对外贸易方便、劳动力资源充足、城市发展基础较好的地区，多设于沿海港口或国家边境附近。世界上第一个出口加工区为 1956 年建于爱尔兰的香农国际机场。中国台湾高雄在 20 世纪 60 年代建立出口加工区。中国大陆在 20 世纪 80 年代实行改革开放政策后，沿海一些城市开始兴建出口加工区。

在我国，出口加工区是经国务院批准设立的，从事产品外销加工贸易，由海关实施封闭监管的特殊监管区域。出口加工区设置的出口加工企业以及相关仓储、运输企业，海关对其实施封闭式企业管理模式，实施 24 小时不间断监控。

出口加工区的设立应由国务院批准。出口加工区的海关特殊监管区域，与境内其他地区之间要设置隔离设施与闭路电视监控系统,使出口加工区成为全封闭的区域。出口加工区只有经国家海关总署对加工区的隔离设施验收合格,并派海关人员进驻后,方可启动加工区的有关业务。

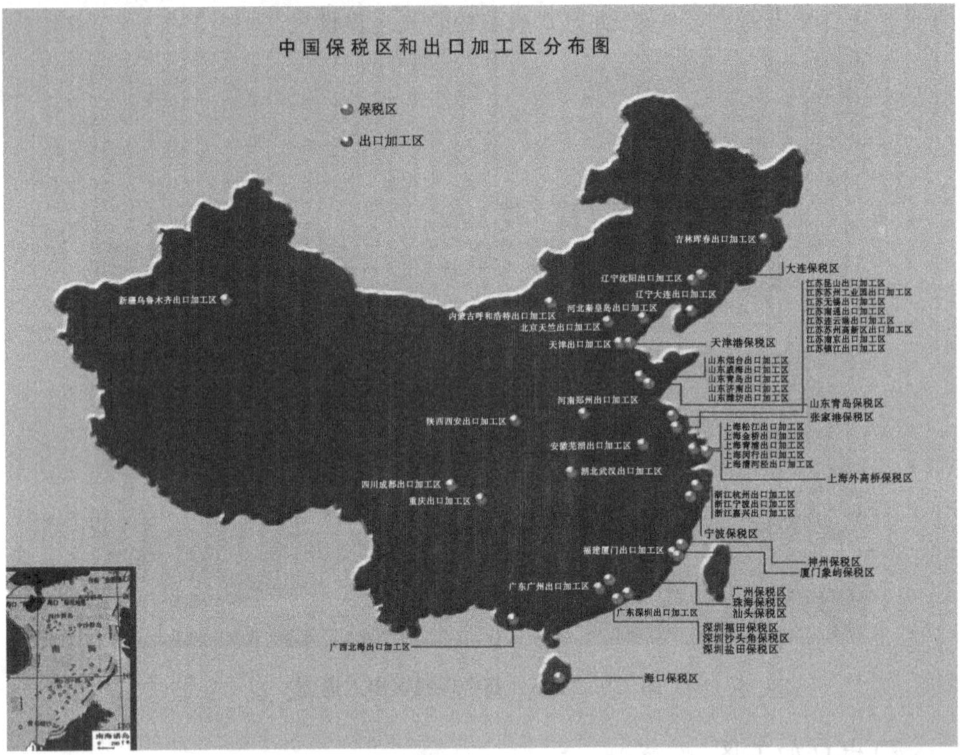

图7.10 中国保税区和出口加工区分布区域(部分)

(2)特点

①区内企业开展加工贸易业务不实行加工贸易银行保证金台账制度,也不实行《加工贸易登记手册》管理。加工企业和仓储企业每半年核销一次。

②加工区与境外之间进出的货物,不实行进出口配额、许可证管理,实行出口被动配额管理的除外。

③对区内生产性的基础设施建设项目所需的机器、设备和建设生产厂房、仓储设施所需的基建物资给予免税。区内企业生产所需的机器、设备、模具机器维修用零配件,给予免税。区内企业和行政管理机构自用合理数量的办公用品的,给予免税。区内企业加工的制成品及生产过程中产生的边角料、余料、残次品等销往境外的,免征出口税。

④区内企业为加工出口产品所需要的原材料、零部件、元器件、包装物料及消耗性材料,给予保税。

⑤入区即为出口,可以办理出口退税。

(3)保税区与出口加工区的区别

①区域功能不同。

保税区有加工、储运、转口三大功能。出口加工区主要是加工功能。

②出口加工的期限不同。

保税区将料件运往区外加工,加工期6个月,到期还可延长6个月。出口加工区只能是6个月。

实例——江苏吴中出口加工区

吴中出口加工区位于苏州吴中经济开发区河东高新工业园,规划区总面积3平方千米,其中启动区面积1.38平方千米。

吴中出口加工区位于苏州市绕城高速公路以北,西部紧靠苏嘉杭高速公路,北部距离苏州市工业园区约2千米,东、南部紧临五级行道吴淞江,陆路、水路运输极为便利。吴中出口加工区于2005年6月经国务院批准设立,是我国首个设在省级开发区内的国家级出口加工区,也是唯一隶属于区级单位的国家级出口加工区。它由海关监管的特殊区域,海关实行"一次申报、一次审单、一次查验",24小时通关服务的新通关模式。区内企业不仅享有海关提供的简单、快捷的通关便利,还享有出口加工区和省级经济技术开发区特有的税收等优惠政策。

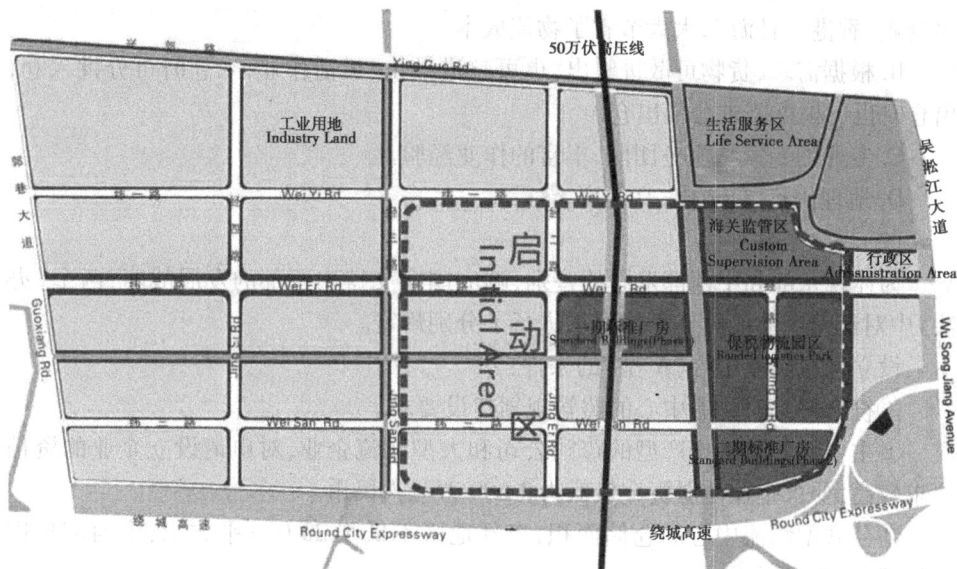

图7.11 江苏吴中出口加工区规划图

3)保税物流中心

(1)概念及特点

据《中华人民共和国海关对保税物流中心(A 型)的暂行管理办法》和《中华人民共和国海关对保税物流中心(B 型)的暂行管理办法》,我国的保税物流中心被分为 A,B 两种类型:

①保税物流中心(A 型)。

保税物流中心(A 型)是指经海关批准,由中国境内企业法人经营、专门从事经营保税仓储物流业务的海关监管场所。保税物流中心(A 型)按照服务范围分为公用型物流中心和自用型物流中心。

公用型物流中心是指由专门从事仓储物流业务的中国境内企业法人经营,向社会提供保税仓储物流综合服务的海关监管场所。

自用型物流中心是指中国境内企业法人经营,仅向本企业或者本企业集团内部成员提供保税仓储物流服务的海关监管场所。

②保税物流中心(B 型)。

保税物流中心(B 型)是指经海关批准,由中国境内一家企业法人经营、多家企业进入从事保税仓储物流业务的海关集中监管场所。

保税物流中心的特点在于:

A. 入仓视同出口,解决手册核销问题;入仓视同出境,可办理退税作业;不需要企业"香港一日游",大大节省了物流成本。

B. 根据需求,货物可散进整出,也可整进散出,灵活作业,入仓时可分批入仓,出仓时也可根据需求分批出仓。

C. 专业的专家型服务团队,丰富的作业经验。

D. 地理优势,低成本、高效率。

(2)设立条件

为体现东部和中西部发展的差别,响应国家支持中西部的发展战略,两个《办法》中对经营主体的具体条件要求进行了分别规定。

设立保税物流中心(A 型)的条件:

①符合海关对物流中心的监管规划建设要求。

②主要针对大型生产型的跨国公司和大型物流企业,对申请设立企业的资信要求较高,要求企业注册资金最低为 3 000 万元人民币。

③公共型物流中心的仓储面积,东部地区不低于 20 000 平方米,中西部地区不低于 5 000 平方米。

④自用型物流中心的仓储面积(含堆场),东部地区不低于 4 000 平方米,中西

部地区不低于 2 000 平方米。

⑤建立符合海关监管要求的计算机管理系统,提供海关查阅数据的终端设备,并按照海关规定的认证方式和数据标准,通过"电子口岸"平台与海关联网,以便海关在统一平台上与国税、外汇管理等部门实现数据交换及信息共享。

⑥设置符合海关监管要求的安全隔离设施、视频监控系统等监管、办公设施。

⑦符合国家土地管理、规划、消防、安全、质检、环保等方面的法律、行政法规、规章及有关规定。

设立保税物流中心(B 型)的条件:

①符合海关对物流中心的监管规划建设要求。

②经营主体注册资本最低为 5 000 万人民币,由直属海关受理申请并经海关总署批准设立后,对进驻企业要求注册资本必须达到 500 万元人民币。

③物流中心的仓储面积,东部地区不低于 10 万平方米,中西部地区不低于 5 万平方米。

④选址在靠近海港、空港、陆路交通枢纽及内陆国际物流需求量较大、交通便利、设有海关机构且便于海关集中监管的地方。

⑤经省级人民政府确认,符合地方经济发展总体布局,满足加工贸易发展对保税物流的要求。

⑥建立符合海关监管要求的计算机管理系统,提供海关查阅数据的终端设备,并按照海关规定的认证方式和数据标准,通过"电子口岸"平台与海关联网,以便海关在统一平台上与国税、外汇管理等部门实现数据交换及信息共享。

⑦设置符合海关监管要求的安全隔离设施。

实例——南京龙潭保税物流中心

南京龙潭物流基地位于南京市栖霞区境内,距离南京主城区约 30 千米,位于南京、镇江、扬州的中心区域,江南沿江高等级货运通道穿越而过,前方是长江上最大的综合性外贸港区——南京龙潭港区。

基地总规划面积 10.5 平方千米,现已开发面积 4 平方千米,基地内规划建设了占地面积为 0.86 平方千米的南京地区唯一的国家级 B 型保税物流中心——南京龙潭港保税物流中心,保税物流中心具有"境内关外"的优势使之具有出口退税、进口保税、简单加工免收增值税等政策功能,现有可供出租的标准仓库 6 万平方米。龙潭物流基地以深水港口和保税物流中心为核心优势,将重点发展进出口加工贸易、粮油食品加工、机械加工制造、国内外物流贸易等主导产业。

图 7.12 南京龙潭保税物流中心

4）保税物流园区

（1）概念及功能

保税物流园区是经国务院批准,在保税区规划面积或者毗邻的特定港区内设立的,专门发展现代国际物流的海关特殊监管区域。

在我国,对于保税物流园区的定义为保税物流园区是指在毗邻保税区的特定港区或在国务院已经批准的保税区规划区域内,划出专门供发展现代国际物流产业的独立封闭区域,园区集成目前保税区与出口加工区的政策优势,实行进口保税,入区退税等政策。一般情况下园区内设立仓库、堆场、查验场和必要的业务指挥调度操纵场所。园区内可开展存储进出口货物,对所存货物进行流通加工和增值服务。进出口贸易包括转口贸易、国际分销、采购和配送、国际中转、商品展示等,但在保税物流园区内部不得设立工业生产加工场所和商业性消费设施,且无居民居住。

保税物流园区是目前中国大陆最具有特殊政策的区域,其内涵可用政策叠加、优势互补、资源整合、功能集成概括。

①政策叠加——园区除继续享受保税区免征关税和进口环节税等方面的所有

政策外,叠加了出口加工区的政策,实行入区退税,"还叠加了港区的原有政策,又增加了区内货物自由流动,不征增值税和消费税的政策"。

②优势互补——将保税区在税收、海关监管等方面的优势与港区在航运、船泊、装卸等交通便利的优势相结合,实现区、航、港一体化运作。

③资源整合——通过保税区和港区在形态、资源上的整合集成,促进货物在境内快速集拼、快速流动、快速集运,带动信息流、资金流和商品流的集聚和辐射。

④功能集成——保税物流园区将集成国际中转、国际配送、国际采购和国际转口贸易四大功能,并相应发展检测维修和商品展示业务。

⑤保税物流功能——有保税物流中心的所有功能。

实例——天津保税物流园区

2004 年 8 月 16 日,国务院批准天津保税区与天津港进行区港联动试点,设立天津港保税物流园区,将港口功能优势和保税区及出口加工区的政策优势叠加,使其更具国际通行的自由贸易区特征,为各种物资流向复杂的国际贸易和国际运输需求提供了一个特殊的政策平台。

天津保税物流园区位于保税区东侧,与天津港集装箱码头紧密相连,整个批准规划占地 1.5 平方千米。该物流园区的外延距离港口海岸线仅 700 米,紧邻正在开发建设中的东部集装箱码头和滚装船码头。其得天独厚的地理位置为区港联动的实施提供了成本低廉和操作便捷的优势条件。

园区享受保税区相关政策,在进出口税收方面,比照实行出口加工区的相关政策,即国内货物进入园区视同出口、办理报关手续、实行退税,园区货物内销按货物进口的有关规定办理报关手续,货物按实际状态征税,区内货物自由流通,不征增值税和消费税。对进入园区的境外和国内货物进行分拆、集拼,开展进出口和中转货物集运,多国货物快速集并和国际联合快运等业务;对进入园区的境外和国内货物进行分拣、分配、分销、分送等配送分拨业务,或增值加工向境内外配送;采购进入园区的境外和国内货物,经进出口集运的综合处理或增值加工,向境内外分销;园区企业可以开展进出口贸易、转口贸易、园区与境外之间的货物贸易及服务贸易;园区采用一流的信息化管理,公共信息平台连接海关、检验检疫、外管、税务及银行等部门,设有集装箱卡车等各类货运车辆电子车牌自动识别系统及电子放行系统,实行进出货物一次申报、一次查验、一次放行,实现园区与港区之间直通。

天津保税物流园区除了在传统意义的保税区的保税功能以外,其最突出的政策特色为以下三点:

①国内货物进入园区视同出口,办理报关手续,对出口到保税区的国内企业可

以实行退税(不必等货物真正装船离港后才能返回关单退税联);

②园区内货物内销按货物进口办理报关手续,货物按实际状态征税;货物不可以更改初始入区的状态(税号不变),但可以更改包装和标志;

③园区内货物自由流通,不征增值税和消费税;到保税区海关稽查可办理海关备案手续后,自由转换货物所有权或在园区内的不同货物存放地。

图 7.13　天津保税物流园区规划图

5)保税港区

(1)概念

保税港区是经国务院批准,设立在国家对外开放口岸港区和与之相连的特定区域内,具有口岸、物流、加工等功能的海关特殊区域,是适应我国建设国际航运中心、海关对特殊监管区域进行整合的需要而建立的一种新型保税区域形式。与以往单一功能的保税区不同,保税港区是集港口作业、物流和加工等功能于一体的新型保税区域。

表 7.2　2005—2008 年我国 11 个保税港区规划面积和战略定位

名　称	时　间	规划面积	战略定位
上海洋山保税港区	2005 年 12 月 10 日封关运行	8.14 平方千米	上海国际航运中心
大连大窑湾保税港区	2007 年 6 月 28 日封关运行	6.88 平方千米	建成东北亚国际航运中心
天津东疆保税港区	2007 年 12 月 1 日封关运行	10 平方千米	建成我国北方国际航运中心和国际物流中心
海南洋浦保税港区	2007 年 11 月 11 日国务院批准设立	9.21 平方千米	建成环北部湾地区最开放的航运中心
宁波梅山保税港区	2008 年 2 月 24 日国务院批准设立	7.7 平方千米	打造长三角南翼交通枢纽
广西钦州保税港区	2008 年 6 月 3 日国务院批准设立	10 平方千米	建成北部湾经济区航运中心
厦门海沧保税港区	2008 年 6 月 8 日国务院批准设立	9.5 平方千米	建成海峡西岸经济区重要出海口
天津青岛前湾保税港区	2008 年 10 月 7 日国务院批准设立	9.72 平方千米	建成东北亚航运中心
深圳前海湾保税港区	2008 年 10 月 18 日国务院批准设立	3.71 平方千米	完善深圳港的配套功能,提升深圳的国际竞争力
重庆两路寸滩保税港区	2008 年 11 月 2 日国务院批准设立	近期规划面积为 8.37 平方千米,远期规划面积为 15.16 平方千米	西部地区物流集散地,为长江流域和西部地区经济发展服务
广州南沙保税港区	2008 年 11 月 3 日国务院批准设立	7.06 平方千米	完善广州港的功能并提高其国际竞争力

(2)功能

①存储进出口货物和其他未办结海关手续的货物。

②对外贸易,包括国际转口贸易。

③国际采购、分销和配送。

④国际中转。

⑤检测和售后服务维修。

⑥商品展示。

⑦研发、加工、制造。

⑧港口作业。

⑨经海关批准的其他业务。

实例——重庆寸滩保税港区

2008年11月2日重庆寸滩保税港区正式获批设立，这是我国内陆首个保税港区，并融合了空港和水港的优势，港区水港为自然条件优良的寸滩深水港，空港为不断发展壮大的江北国际机场。加上最近中国最大的综合保税区——重庆西永综合保税区的获批成立，它将与两路寸滩保税港区相互促进、协同发展，构建并完善重庆的"水陆空"保税监管体系，为保税物流的发展提供一个重要的平台。

三峡大坝蓄水完毕后，长江航运发挥其优势，加上寸滩深水港的优良条件，重庆港的水路通航能力将大大提升。公路方面，"三环、十射、三连线"公路交通网络的建成和完善，使得重庆公路交通条件跨上一个新的台阶。铁路方面，重庆可通过

图7.14　重庆寸滩保税港区出入通道

兰新线、兰渝线融入"亚欧大陆桥",形成"一枢纽、八干线"的铁路运输网络,并逐步实现"一枢纽、十干线、一专线、七支线"的总体铁路网络布局,铁路运输将迅猛发展。航空方面,重庆的机场建设基本上围绕着"一大三小"的总体规划进行,2008年重庆机场起降11.26万架次,正班通航城市为69个,航空运输能力有较大提升。

由于距离海岸线较远,内陆地区的外贸存在先天不足的劣势。重庆地处内陆腹地,对西部内陆辐射能力强,相比成本较高的公路、铁路运输而言,重庆的水路运输具有得天独厚的成本优势,可在一定程度上弥补内陆地区的贸易劣势。同时重庆保税港区与重庆西永综合保税区相结合,构成"水陆空"保税体系。西部内陆地区的物流需求将在重庆保税港区得到最大程度的满足,这将对保税港区物流业的发展产生强大的推动作用。

任务2　掌握保税物流区域建设方法

7.2.1　保税物流园区的建设意义

通过上一任务中将保税物流园区和保税区以及保税港区的比较,可得出保税物流园区作为区港联动试点载体,是多家物流企业在空间上集中布局的场所,是具有一定规模和综合服务功能的、联结国内、国外两个市场的物流集节点。

保税物流园区是保税区与临近的港口合作,在港区划出特定的区域(不含码头泊位)按"境内关外"定位,实行保税区的政策,并进行封闭管理的特殊区域。保税物流园区整合了保税区政策优势与港口区位优势,可改变港口传统、单一的经营和管理方式,发展保税仓储、商品展示、包装、国际中转、国际配送和采购等高附加值业务,形成储、供、运、销产业发展链,是保税区向自由港或自由贸易区转型的一种探索,是更接近于自由港的一种经济特区形式。保税物流园区在我国自由贸易区推进过程中的地位如图7.15所示。

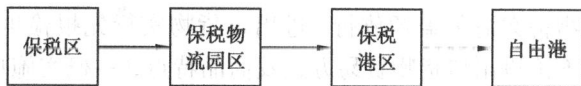

保税区 → 保税物流园区 → 保税港区 → 自由港

图7.15　保税物流园区在我国自由贸易区进程中的地位

图7.15表明,保税区由于政策限制和功能单一,相互隔离,无法适应现代物流运作和加工贸易发展的需求;区港联动由于港区和保税区相对应的限制,数量有限,只能满足个别的港口地区,同时,其区位分布和"物流服务就近化"原则对保税仓储物流辐射面也形成很大的限制。为了建立具有中国特色的加工贸易和保税监

管体系,海关提出了"以港区联动为龙头,以保税物流中心为枢纽,以优化后星罗棋布的公共型、自有型保税仓库和出口监管仓库为网点"的三个层次、六种监管模式的多元化保税仓储物流监管体系的整体思路和改革方案,而保税物流园区在其中起着重要的连接作用。

7.2.2　保税物流园区选址的重要性

从任务 1 的描述中也可发现,保税物流园区涵盖了保税物流中心的所有物流功能,因此这两者的选址和布局规划存在着相互联系。目前我国保税物流园区和保税物流中心的建设还存在以下问题:

1)保税物流园区的定位与发展不一致

保税物流园区(中心)以整合"保税仓库和出口监管仓库"功能为基础,打破"两仓"分别专门存放进境、出口货物且相互隔离的状态,弥补"两仓"功能单一的缺陷,适应现代物流的发展要求。主要包括:满足物流所需的保税仓储、流通性简单加工和增值服务、国际采购、分拨和配送、国际中转、国际贸易等。

而目前国内大部分保税物流园区(中心)仍以仓储业务为主,仅提供一般性的简单加工,对国际中转和增值服务业务的发展不到位,使得原本延长产业链、提高国内增值链的愿望落空,削弱了保税物流中心的优势。

2)保税物流园区的多头管理和政策不协调

保税物流园区(中心)为海关监管的特殊经济区域,但同时还涉及外汇、税收、商检以及地方政府等多个部门。一方面是保税物流园区(中心)建设管理缺少一个全国性的独立的管理机构;另一方面是各个管理部门对实际操作的业务流程及方法有各自不同的规定,比如,检验检疫模式的原则是"一线实行检验检疫、二线实行检验"。对于列入《出入境检验检疫机构实施检验检疫的进出境商品目录》内的货物实施检验检疫,实行"先报检后通关"原则,操作上就是进出境货物实行在海关进境或出境货物备案清单盖章放行,进出口货物实行先报检再签发通关单,最后放行。也就是不论进出口货物贸易方式及商品特点,一概实施单一的批批检验模式,大部分进口商品其样品检测需要一定的周期,这将严重影响现代物流的通关速度。

可见,对于上述两个问题的解决方案而言,选址是必不可少的组成部分。首先,保税物流园区的定位与发展,很大程度上决定了其选址和规划,园区的战略定位、园区提供的服务类型、园区所处的交通网络、园区的周边配套设施、园区的潜在客户企业等,都是影响保税物流园区选址和规划的重要因素。因此,保税物流园区甚至保税物流区域的选址方案是实际区域建设是否能满足诸多因素要求,是否能为保税物流园区提供一个稳固的发展基础和一个持续的发展动力的重要支持。其次,在有了良好的基础和动力保障以后,才能为保税物流园区的管理提供完整科学的平台和人员技术支持,并且通过合理的选址和规划来减少或避免多头管理的影响。

7.2.3 保税物流园区的选址实现

1)选址原则

(1)国外自由贸易区的区位选择原则

总体上看,美国对外贸易区选址有两大特点:

①大多数对外贸易区都是在"U"字形区域,一边连接出海口、内河口岸或者两国边界,一边连接国内非对外贸易区。这种布局使对外贸易区一线、二线泾渭分明,货物进口只需一次报关、报检手续,大大简化了管理程序;同时,由于毗邻港口、河口和边界,货物进出区可直接利用便利的海运和内河运输,节省运输费用。

②总体上分布极广,但每个对外贸易区都有自己独特的区位优势,如交通便利、工业基础好、靠近旅游胜地等,以便满足转口贸易、一般贸易、边境贸易、加工工业、旅游等的各种产业的发展。

(2)我国保税物流中心的选址原则

在借鉴国外先进选址原则的同时,根据我国的实际情况,在保税物流中心选址时,应遵循以下原则:

①要靠近海港、空港、陆路交通枢纽及内陆国际物流需求量较大,交通便利、设有海关机构且便于海关集中监管的地方。

②对外交通要便捷,保税物流中心与港口等对外交通设施要有便捷的交通联系,便于货物中转运输,与城市主干路要直接连通,便于货物集散和进出物流中心。

③用地要充足平整,保税物流中心用地较大,面积一般在1平方千米以上,同时用地应有较好的地质条件,便于建设。

④位址不宜太偏,一般宜靠近所在地区的公共中心的边缘,一方面便于实现配套设施区与其他公共设施的共建共享,另一方面也可以形成较好的城市景观风貌。

当然,在进行选址时,除了上述实际因素外,还必须考虑保税物流园区的发展定位。保税物流园区(中心)整体发展定位应立足于整个城市的物流体系,要将物流中心的发展与港口贸易、城市物流产业的发展结合起来。例如,毗邻港口的保税物流园区,其整体发展定位应为以毗邻的港口为依托,是以发展港口集装箱等运输延伸业务、国际采购、货物转口、配送、分销、分拨及与临港工业相关的物流产业为主要特色的经营专业化、规模化、集约化的国际化保税物流园区。重点发展该城市支柱型产业的特色物流，引进和扶植高技术水平的现代运输企业和综合化、网络化和信息化的国内外第三方物流企业。而内陆的保税物流园区，其整体发展定位应以临近的主要交通干道(公路或者铁路)为依托，以发展货物支线配送、分销、分拨等为主要特色的内陆保税物流园区，成为邻近省市的货物流转枢纽。

2)保税物流园区选址方法实践——AHP 法

在上述保税物流园区选址的原则基础上，这里介绍几种常用的决策分析方法。实践中，面对诸多影响保税物流园区的选址的因素，在经历了多次的专家建议、实地论证、信息采集分析后，常常会得出多个候选的选址方案，而如何根据保税物流园区的选址目标和实际影响因素来选出最佳方案则是选址阶段所需的重要方法支持。这里首先介绍的是层次分析法。

(1)理论知识准备

层次分析法(AHP)是 20 世纪 70 年代由美国学者萨蒂最早提出的一种多目标评价决策法。它本质上是一种决策思维方式，基本思想是把复杂的问题分解成若干层次和若干要素，在各要素间简单地进行比较、判断和计算，以获得不同要素和不同备选方案的权重。

应用层次分析法的步骤如下：

①建立递阶层次结构。

对构成决策问题的各种要素建立多级递阶的结构模型，即递阶层次结构模型，如图 7.16 所示。这种模型一般可以分成三层，即目标层、准则层和方案层。目标层为想要达到的目标，准则层为针对目标评价各方案时所考虑的各个子目标(因素或准则)，方案层即解决问题的方案。递阶层次结构建立得是否合适，是求解问题的关键。但这在很大程度上取决于决策者的主观判断，因此要求决策者对问题的本质、问题所包含的要素以及相互之间的逻辑关系有比较透彻的理解。

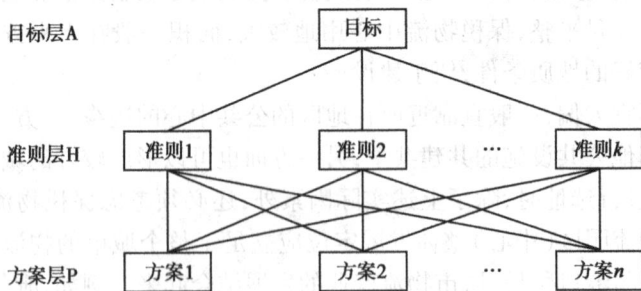

图 7.16　AHP 递阶层次结构

②建立判断矩阵。

对同一层次的要素以上一层要素为准则两两比较,根据评定尺度确定相对重要程度,并据此建立判断矩阵。其建立方法如下:

设对于准则 H,其下一层有 n 个要素 $A_1,A_2,\cdots,A_n$。以上一层的要素 H 作为准则,对下一层的 n 个要素进行两两比较,确定判断矩阵的元素值,其形式如下:

H	A_1	A_2	$\cdots$	A_j	$\cdots$	A_n
A_1	a_{11}	a_{12}	$\cdots$	a_{1j}	$\cdots$	a_{1n}
A_2	a_{21}	a_{22}	$\cdots$	a_{2j}	$\cdots$	a_{2n}
$\cdots$	$\cdots$	$\cdots$	$\cdots$	$\cdots$		$\cdots$
A_i	a_{i1}	a_{i2}	$\cdots$	a_{ij}	$\cdots$	a_{in}
$\cdots$	$\cdots$	$\cdots$	$\cdots$	$\cdots$		$\cdots$
A_n	a_{n1}	a_{n2}	$\cdots$	a_{nj}	$\cdots$	a_{nn}

图 7.17 AHP 判断矩阵

a_{ij} 表示在判断准则 H 层的角度考虑要素 A_i 相对 A_j 的重要程度,也称为判断尺度,取值方法如表 7.3 所示。

表 7.3 判断尺度的取值

判断尺度	定 义
1	对 H 而言,A_i 与 A_j 同样重要
3	对 H 而言,A_i 与 A_j 同样重要
5	对 H 而言,A_i 与 A_j 同样重要
7	对 H 而言,A_i 与 A_j 同样重要
9	对 H 而言,A_i 与 A_j 同样重要
2,4,6,8	介于上述两个相邻判断尺度之间

称

$$A = \begin{bmatrix} a_{11} & a_{12} & \cdots & a_{1n} \\ a_{21} & a_{21} & \cdots & a_{21} \\ \vdots & \vdots & \vdots & \vdots \\ a_{n1} & a_{n1} & \vdots & a_{n1} \end{bmatrix}$$

为判断矩阵。矩阵 A 的元素 a_{ij} 必须满足 $a_{ii}=1$,$a_{ij}=\dfrac{1}{a_{ji}}$,$a_{ij}=\dfrac{a_{ik}}{a_{jk}}$。

③确定各要素的相对重要度。

确定要素 $A_1,A_2,\cdots,A_n$ 的相对重要度实质上是求矩阵 A 非零最大特征值 $\lambda_{\max}$ 所对应的特征向量。具体方法通常有两种,即方根法与和积法,步骤如下:

方根法:

记 $\omega_i = \left(\prod\limits_{j=1}^{n} a_{ij} \right)^{\frac{1}{n}}$ $i = 1, 2, \cdots, n$，然后对 $W = (\omega_1, \omega_2, \cdots, \omega_n)^{\mathrm{T}}$ 进行归一化处理，即：

$$\omega_i^{(0)} = \frac{\omega_i}{\sum\limits_{j=1}^{n} \omega_j}, i = 1, 2, \cdots, n$$

这个结果就是 A_i 关于 H 的相对重要度。最大特征值 $\lambda_{\max}$ 为：

$$\lambda_{\max} = \sum_{i=1}^{n} \frac{(AW)_i}{n\omega_i}$$

其中，$(AW)_i$ 为向量 AW 的第 i 个元素。AW 是前文中 $n \times n$ 阶矩阵 A 与 $n \times 1$ 阶矩阵 W 的乘积。

和积法：

首先将判断矩阵每一列归一化，然后将列归一化后的判断矩阵按行相加得到：

$$\overline{W} = (\overline{\omega}_1, \overline{\omega}_2, \cdots, \overline{\omega}_n)^{\mathrm{T}}$$

最后对其正规化处理即可。$\lambda_{\max}$ 的求法同方根法。

然后还应该对矩阵进行相容性判断。这是因为判断矩阵的 3 个性质中的前两个容易被满足，第三个"一致性"则不易保证。

度量相容性的指标 CI（Consistence Index）的计算公式为：

$$CI = \frac{\lambda_{\max} - n}{n - 1}$$

$CI = 0$，判断矩阵具有完整一致性；反之 CI 值越大，则一致性越差。定义随机一致性指标 RI 如表 7.4 所示。

表 7.4　相容性指标的修正值

维　数	1	2	3	4	5	6	7	8	9
RI	0.00	0.00	0.58	0.96	1.12	1.24	1.32	1.41	1.45

$$CR = \frac{CI}{RI}$$

当 $CR < 0.1$，则矩阵 A 的不一致程度在容许范围之内，归一化特征向量作为权向量；否则重新构造比较矩阵，对 A 进行调整。

④排序，提供决策依据。

综合相对重要度，对各种替代方案进行优先排序，为决策者提供科学决策的依据。在计算了各层次要素对其上一级要素的相对重要度以后，即可自上而下地求出各层要素关于系统总体的综合重要度（也称为系统总体权重）。准则层 H 对目

标层 A 的相对权量为：

$$\overline{W}^{(1)} = (\omega_1^{(1)} \quad \omega_2^{(1)} \quad \cdots \quad \omega_k^{(1)})^{\mathrm{T}}$$

方案层 n 个方案对准则层的各准则的相对权重为：

$$\overline{W}_l^{(2)} = (\omega_{l1}^{(2)} \quad \omega_{l2}^{(2)} \quad \cdots \quad \omega_{lk}^{(2)})^{\mathrm{T}} \quad l = 1,2,\cdots,n$$

这 n 个方案对目标而言，其相对权重是通过权重 $\overline{w}^{(1)}$ 与 $\overline{w}_l^{(2)}$（$l = 1,2,\cdots,n$）组合而得到的，其计算方法如表7.5所示。

表 7.5 综合重要度的计算

权重 \ H层 \ P层	因素及权重				组合权重
	C_1	C_2	$\cdots$	C_k	
	$\omega_1^{(1)}$	$\omega_2^{(1)}$	$\cdots$	$\omega_k^{(1)}$	
P_1	$\omega_{11}^{(2)}$	$\omega_{12}^{(2)}$	$\cdots$	$\omega_{1k}^{(2)}$	$v_1^{(2)} = \sum\limits_{j=1}^{k} \omega_j^{(1)} \omega_{1j}^{(2)}$
P_2	$\omega_{21}^{(2)}$	$\omega_{22}^{(2)}$	$\cdots$	$\omega_{2k}^{(2)}$	$v_2^{(2)} = \sum\limits_{j=1}^{k} \omega_j^{(1)} \omega_{2j}^{(2)}$
$\vdots$	$\vdots$	$\vdots$	$\vdots$	$\vdots$	
P_n	$\omega_{n1}^{(2)}$	$\omega_{n2}^{(2)}$	$\cdots$	$\omega_{nk}^{(2)}$	$v_n^{(2)} = \sum\limits_{j=1}^{k} \omega_j^{(1)} \omega_{nj}^{(2)}$

这时得到 $V_{(2)} = (v_1^{(2)} \quad v_2^{(2)} \quad \cdots \quad v_n^{(2)})^{\mathrm{T}}$ 为 P 层各方案的相对权重。根据 $V_{(2)}$ 就可以做出决策。

（2）上机实验目的

方法掌握目的：

①了解 Excel 具有设计与实现 AHP 的功能。同时，熟悉和掌握 AHP 基本步骤及原理。

②掌握运用 Excel 的公式工具计算 AHP 的判断矩阵、相对重要度及判断矩阵的最大特征值、相容度判断、综合重要度。

③掌握运用 Excel 的公式函数实现矩阵和特征值计算。

实践操作目的：

①对于 POWER 函数的认识。

首先，通过 Excel 的"帮助"打开帮助界面，查询 POWER 函数。POWER 函数除了可计算整数幂外，还可以计算所有有理数幂，即可以用作开方运算。

②对于 Excel 函数进行矩阵运算。

通过 Exce 工具栏上的函数按钮，打开函数窗口，选择"数学与三角函数"，其中以 M 开头的函数中包括了常用的矩阵运算函数,如图 7.18 所示:MDETERM(返回一组数据代表的矩阵的行列式的值)、MMULT(返回两组数据代表的矩阵的乘积,其中行数与 Array1 相同,列数与 Array2 相同)。并通过窗口左下方的帮助链接进入帮助页面,查看函数的具体信息,读者可自行查阅,此处不再赘述。

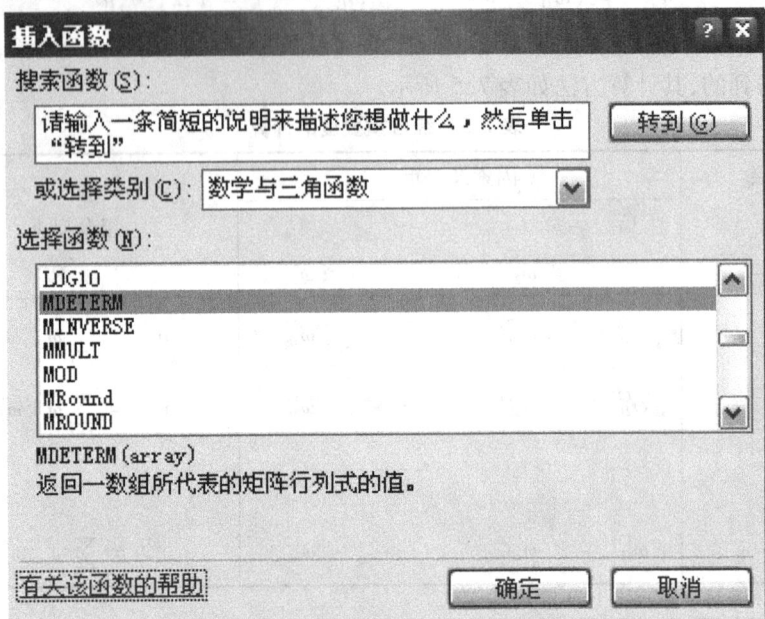

图 7.18　Excel 常用矩阵运算函数

(3)上机实验内容

在上机实验中,为了避免 Excel 操作中函数的编辑和 AHP 法的概念陈述之间出现混淆,我们做以下调整。AHP 法中的目标层 A、准则层 H、方案层 P 在案例中的陈述为目标准则 A、评价准则 B、候选方案 C,请读者注意。

设有如下案例:某保税物流园区选址有如下三个方案:C1——市中心;C2——市近郊;C3——郊区。评价准则如下:B1——投入费用;B2——运输时间;B3——配套设施。目标准则如下:A1——期限目标;A2——效率目标;A3——环境目标。试用层次分析法作方案决策。

①在 Excel 上输入 C 对于 B 及 B 对于 A 的判断矩阵,如图 7.19 所示。

这里请留心在单元格内输入分数的形式,因为 Excel 中的单元格的格式有很多种类,如:常规、数值、字符等,可以通过"格式"菜单,或者在单元格上单击鼠标右键选择"设置单元格格式"进入单元格格式设置,通常系统默认为常规,所以这里建议大家在单元格中输入公式" =1/3",来代表 1/3,如图 7.20 所示。

	A	B	C	D
1		A1	A2	A3
2	B1	1	1/3	2
3	B2	3	1	5
4	B3	1/2	1/5	1
5				
6				
7	B1	C1	C2	C3
8	C1	1	1/3	1/5
9	C2	3	1	1/3
10	C3	5	3	1
11				
12				
13	B2	C1	C2	C3
14	C1	1	2	7
15	C2	1/2	1	5
16	C3	1/5	1/7	1
17				
18				
19	B3	C1	C2	C3
20	C1	1	3	1/7
21	C2	1/3	1	1/9
22	C3	7	9	1

图7.19　案例的判断矩阵

②按照层次分析法的步骤,利用方根法求各指标的权重。

按行对矩阵进行乘积计算,先用公式得到第一行元素的乘积 M_1,再拖动公式得到其他行元素的乘积,结果 M_i 在图7.21中E列。

用 Power 函数对 M_i 开三次方根,得3个评价准则对目标准则的重要程度 W_i,如图7.22所示。

在单元格 F5 中输入" $= \mathrm{SUM}$ (F2:F4)"计算 $\sum W_i$,结果如图7.23中单元格 F5 所示。

对 W_i 进行归一化处理,用 W_i 除以 $\sum W_i$,得到 W_{i0} 如图7.24所示。这里最好用 $ 锁定除数 F5 的行号和列号,用鼠标进行拖动。

用权重矩阵的各行与 W_{i0} 列分别相乘,求解3个评价准则各自的特征值向量 λ_{mi},公式如图7.25所示, λ_{mi} 的结果显示于单元格"H2:H4"中。

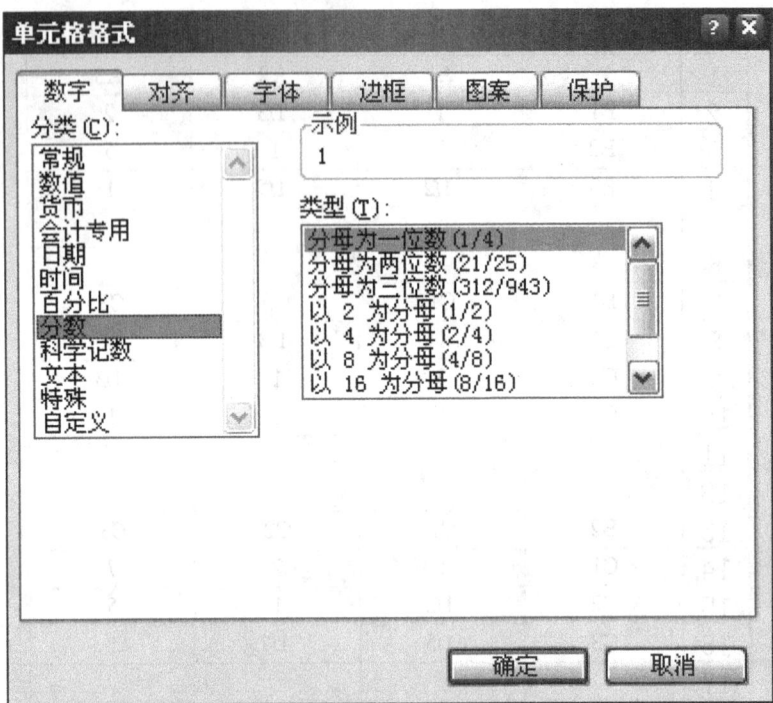

图7.20　设置 Excel 单元格的格式

E2	▼		f_x	=B2*C2*D2	
	A	B	C	D	E
1		A1	A2	A3	Mi
2	B1	1	1/3	2	2/3
3	B2	3	1	5	15
4	B3	1/2	1/5	1	0.1

图7.21　乘积结果

F2	▼		f_x	=POWER(E2,1/3)		
	A	B	C	D	E	F
1		A1	A2	A3	Mi	Wi
2	B1	1	1/3	2	2/3	0.874
3	B2	3	1	5	15	2.466
4	B3	1/2	1/5	1	0.1	0.464

图7.22　用 POWER 函数实现开三次方根

求出用于一致性检验的 λ_{max}，如图7.26所示。

F5			f_x	=SUM(F2:F4)	
	A	B	C	D	E	F
		A1	A2	A3	Mi	Wi
1		A1	A2	A3	Mi	Wi
2	B1	1	1/3	2	2/3	0.874
3	B2	3	1	5	15	2.466
4	B3	1/2	1/5	1	0.1	0.464
5						3.804

图 7.23 计算 $\sum W_i$

G2			f_x	=F2/$F$5		
	A	B	C	D	E	F	G
1		A1	A2	A3	Mi	Wi	Wi0
2	B1	1	1/3	2	2/3	0.874	0.230
3	B2	3	1	5	15	2.466	0.648
4	B3	1/2	1/5	1	0.1	0.464	0.122
5						3.804	

图 7.24 归一化结果

H2			f_x	=B2*$G$2+C2*$G$3+D2*$G$4			
	A	B	C	D	E	F	G	H
1		A1	A2	A3	Mi	Wi	Wi0	λmi
2	B1	1	1/3	2	2/3	0.874	0.230	0.690
3	B2	3	1	5	15	2.466	0.648	1.947
4	B3	1/2	1/5	1	0.1	0.464	0.122	0.367
5						3.804		

图 7.25 求解特征向量

I2			f_x	=(H2/G2+H3/G3+H4/G4)/3	
	G	H	I	J	K
1	Wi0	λmi	λmax		
2	0.230	0.690	3.004		
3	0.648	1.947			
4	0.122	0.367			

图 7.26 求解 λ_{max}

求出 λ_{max} 为 3.004。

计算 $CI = \dfrac{\lambda_{max} - n}{n - 1}$,将 λ_{max} 代入公式,如图 7.27 中 J2 所示。

J2			f_x	=(I2-3)/(3-1)
	G	H	I	J
1	Wi0	λmi	λmax	C.I
2	0.230	0.690	3.004	0.002
3	0.648	1.947		
4	0.122	0.367		

图 7.27　CI 的求解公式和结果

CI 等于 0.001 847,参考理论知识准备中相容性指标的修正值表,通过一致性检验。所以 B1,B2,B3 对目标层 A 的权重如图 7.26 中的单元格"G2:G4"。

重复上述步骤,使用同样的方法可以计算出方案层 C1,C2,C3 对于评价层 B1 的权重为(0.104 729,0.258 285,0.636 986),如图 7.28 中的单元格 G8—G10。

	A	B	C	D	E	F	G	H	I	J
7	B1	C1	C2	C3	Mi	Wi	Wi0	λmi	λmax	C I
8	C1	1	1/3	1/5	0.067	0.405	0.105	0.318	3.039	0.019
9	C2	3	1	1/3	1	1	0.258	0.785		
10	C3	5	3	1	15	2.466	0.637	1.935		
11						3.872				

图 7.28　Ci 相对于 B1 的最终权重结果

方案层 C1,C2,C3 对于评价层 B1 的权重为(0.591 72,0.333 216,0.075 057),如图 7.29 中的单元格 G14—G16。

	A	B	C	D	E	F	G	H	I	J
13	B2	C1	C2	C3	Mi	Wi	Wi0	λmi	λmax	C I
14	C1	1	2	7	14	2.410	0.592	1.784	3.080	0.040
15	C2	1/2	1	5	2.5	1.357	0.333	1.004		
16	C3	1/5	1/7	1	0.029	0.306	0.075	0.241		
17						4.073				

图 7.29　Ci 相对于 B2 的最终权重结果

方案层 C1,C2,C3 对于评价层 B1 的权重为(0.148 815,0.065 794,785 391),如图 7.30 中的单元格 G20—G22。

统计前面的结果,得到结果如图 7.31 所示。其中 B26—D26 单元格保存的是评价层 B 的 B1,B2,B3 对目标层 A 的权重,B27:D29 保存的是方案层 C 的 C1,C2,

C3 对评价层 B 的权重。

结合评价层 B 对目标层 A 的权重和方案层 C 对评价层 B 的权重,计算 C_i 相对于 B_j 的组合权重,如图 7.32 所示。

	A	B	C	D	E	F	G	H	I	J
19	B3	C1	C2	C3	Mi	Wi	Wi0	λmi	λmax	C.I
20	C1	1	3	1/7	0.429	0.754	0.149	0.458	3.080	0.040
21	C2	1/3	1	1/9	0.037	0.333	0.066	0.203		
22	C3	7	9	1	63	3.979	0.785	2.419		
23					5.066					

图 7.30　C_i 相对于 $B3$ 的最终权重结果

	A	B	C	D
25		B1	B2	B3
26		0.230	0.648	0.122
27	C1	0.105	0.258	0.637
28	C2	0.592	0.333	0.075
29	C3	0.149	0.066	0.785

图 7.31　C_i 相对于 B_j 的最终权重结果

E27		f_x	=$B$26*B27+$C$26*C27+$D$26*D27			
	A	B	C	D	E	F	G
25		B1	B2	B3			
26		0.230	0.648	0.122			
27	C1	0.105	0.258	0.637	0.269		
28	C2	0.592	-0.333	0.075	0.361		
29	C3	0.149	0.066	0.785	0.173		

图 7.32　用多项式公式得到的最终权重结果

由图 7.32 可得出方案优先顺序:C1 > C3 > C2;且 C1 明显优于其他两种方案。

3)保税物流园区选址方法实践——德尔菲法

(1)理论知识准备

德尔菲(Delphi)法是在专家个人判断法的基础上发展起来的一种新型直观的预测方法。德尔菲法有三个特点,即匿名性、反馈性和预测结果的统计特性。匿名性就是采用匿名函询的方式征求意见,以消除对专家判断的客观性有影响的一些不良因素。反馈性就是要进行几轮专家意见征询,并把上一轮的结果反馈到下一轮的预测中去,以便专家们可以参考有价值的意见,从而提出更好的意见。预测结果的统计特性是指德尔菲法采用统计方法对专家意见进行处理,从而得到定量的表达,使得专家意见逐渐趋于一致。

德尔菲法预测步骤如下:

①确定预测主题,归纳预测事件。

预测主题就是所要研究和解决的问题。一个主题包括若干个事件。事件是用来说明主题的重要指标。确定预测主题和归纳预测事件是德尔菲法的关键一步。

②选择专家。

德尔菲法要求专家对预测主题相当了解,对预测问题的研究非常深入,所选择专家来源广泛,一般是本企业、本部门的专家和有业务联系、关系密切的外部专家以及在社会上有影响的知名人士。专家人数恰当,通常视预测主题规模而定。专家人数太少,缺乏代表性,太多又难于组织。一般情况下,专家小组人数以 10~50 人为宜。对重大问题的预测,专家小组的人数可扩大到 100 人左右。

③预测过程。

经典德尔菲法的预测过程一般分为 4 轮。第一轮确定预测事件,要求各个专家根据所要预测的主题提出预测事件,并用准确的术语列出"预测事件一览表"。第二轮初次预测,将"预测事件一览表"发给各个专家,要求他们对各个事件做出评价,提出相应的预测,并附上理由。有必要还可以提出需要的补充资料,使预测更加准确。第三轮修改预测,专家根据预测领导小组所反馈的第二轮预测结果和补充资料,再一次进行预测,并像第二轮预测一样附上理由。第四轮最后预测,专家再次根据反馈结果做出最后的预测,并根据领导小组的要求,做出或不做出新的论证。

在实际运用中,预测的轮数依照实际情况而定,如果大多数专家不再修改自己的意见,这表明专家们的意见基本趋于一致,这种情况下才能结束预测。

④确定预测值,做出预测结论。

最后对专家应答结果进行量化分析和处理,这是德尔菲法最重要的阶段,常采用中位数法,即上、下四分点之间的距离越小,说明专家们的意见越集中,用中位数代表的预测结果的可信程度越高。

首先,把专家们的意见(即对某个问题的不同方案所给出的得分)按从小到大的顺序排列。若有 n 个专家, n 个(包括重复的)答数排列如下: $x_1 \leqslant x_2 \leqslant \cdots \leqslant x_n$,若中位数及上、下四分点分别用 $x_{中}, x_{上}, x_{下}$ 表示,则

$$x_{中} = \begin{cases} x_{k+1}, n = 2k + 1 \\ \dfrac{x_k + x_{k+1}}{2}, n = 2k \end{cases}$$

$$x_{上} = \begin{cases} x_{\frac{3(k+1)}{2}}, n = 2k+1, k \text{ 为奇数} \\ \dfrac{x_{1+\frac{3k}{2}} + x_{2+\frac{3k}{2}})}{2}, n = 2k+1, k \text{ 为偶数} \\ x_{\frac{3k+1}{2}}, n = 2k, k \text{ 为奇数} \\ \dfrac{x_{\frac{3k}{2}} + x_{1+\frac{3k}{2}}}{2}, n = 2k, k \text{ 为偶数} \end{cases}$$

$$x_{下} = \begin{cases} x_{\frac{(k+1)}{2}}, n = 2k+1 \text{ 或 } n = 2k, k \text{ 为奇数} \\ \dfrac{x_{\frac{k}{2}} + x_{1+\frac{k}{2}}}{2}, n = 2k+1 \text{ 或 } n = 2k, k \text{ 为偶数} \end{cases}$$

通过德尔菲法的上述步骤,理论上可认为预测结果围绕中位数和上下四分位点形成的置信区间分布,即预测结果在一定程度上可能是中位数和上下四分位点形成的置信区间中的某一个点。置信区间越窄,即上、下四分点间距越小,说明专家们的意见越集中,用中位数代表预测结果的可信程度越高。

最后,计算专家意见协调程度。用变异系数表示 $V_j = \dfrac{\sigma_j}{M_j}$,分子为方案所得分的标准差,分母为方案所得分的均值。变异系数值越小,专家协调程度越高。这可在一定程度上说明专家对预测结果的认可程度。

(2)上机实验目的

①了解 Excel 具有设计与实现德尔菲法的功能,熟悉和掌握德尔菲法基本步骤及原理。

②掌握运用 Excel 的公式工具设计实现德尔菲法。

③掌握运用 Excel 的公式函数 SUM、STDEV。

④复习 Excel 的描述统计,并掌握 Excel 的数据统计相关函数:COUNT(返回一组数的个数)、QUARTILE(返回一组数的四分位点)。

实践操作目的:

①通过 Excel 的"帮助"菜单查找关于 SUM,STDEV,COUNT(返回一组数的个数),QUARTILE(返回一组数的四分位点)的使用说明。

②复习通过 Excel"工具"菜单中的"数据分析"打开描述统计,如图 7.33 所示。

③上机实验内容

设有如下案例:某保税物流园区选址时需考虑园区落成后的预期进出口贸易运量,这对于最终选址的确定有着重要的影响。现在已有多个候选地点备选,而目前最重要的就是预测出预期进出口贸易运量,以确定最终选址地点。所以,建设方召集多位专家进行讨论。已知保税物流园区所处区域的前 5 年进出口贸易总运量情况如表 7.6 所示。

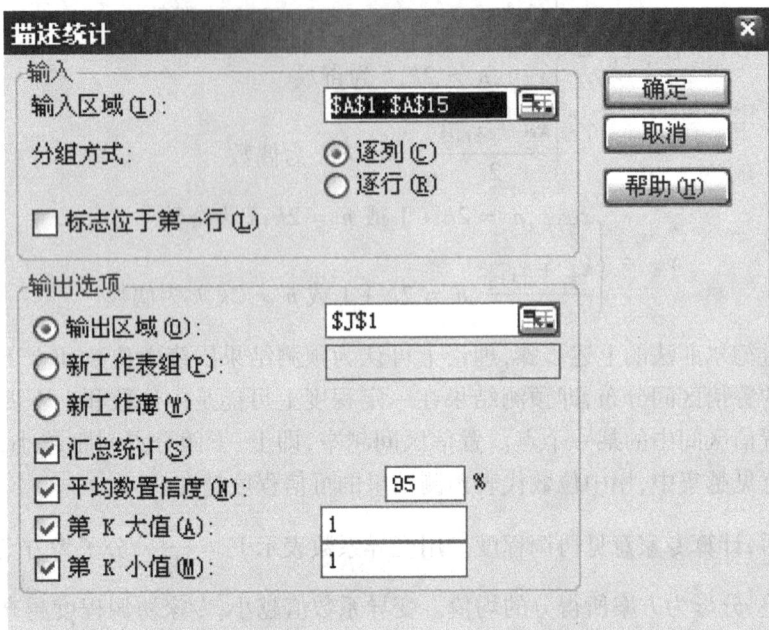

图 7.33　描述统计的参数输入窗口

表 7.6　保税物流园区所处区域的前 5 年进出口贸易总运量

时　间	前 1 年	前 2 年	前 3 年	前 4 年	前 5 年
运　量	412.3	376	340.4	303.9	273.7

专家所讨论的问题如下：

问题 1：您认为明年的货运量将是多少？

问题 2：您认为 5 年后的货运量将是多少？

问题 3：您认为 10 年后的货运量将是多少？

下列 5 方面因素将影响今后的运量：

货源、国家经济政策、运输能力与港口能力、航道条件和气候、交通运输体制和经营管理思想，请您根据它们对运量影响程度的大小，按由强到弱的次序排列。

①根据案例预测目标设计调查表，确定参与预测专家人数和人选，主持者向参与预测人员介绍相关情况和调查规则；

②组织者通过与参与专家反复协调，交流其他参与者意见，统计出集中调查结果，如图 7.34 所示。

	A	B	C	D	E	F	G	H
1	问题1	预测意见	394	410	417	420	425	
2		支持人数	8	3	1	2	1	
3	问题2	预测意见	685	700	711	731	722	840
4		支持人数	5	2	2	2	1	2
5	问题3	预测意见	160	170	188	206	230	
6		支持人数	1	2	2	6	4	

图 7.34 专家意见汇总

③运用 Excel 对问题 1 的数据情况进行分析,找出该问题的对应数据的中位数以及上四分位点和下四分位点,得到未来的预测空间。

下面用 Excel 来实现德尔菲法中的中位数法。以上例的第一问为例,即根据历史资料,预测明年的货运量。专家所给出的意见展开后所得结果如图 7.35 左列。

方法一:应用 Excel 升序工具排列后的结果如图 7.35 右列。

	A
1	410
2	394
3	394
4	394
5	410
6	417
7	420
8	394
9	394
10	410
11	394
12	394
13	420
14	425
15	394

	A
1	394
2	394
3	394
4	394
5	394
6	394
7	394
8	394
9	410
10	410
11	410
12	417
13	420
14	420
15	425

图 7.35 第一个问题的意见排序结果

根据理论知识准备环节中的相关知识介绍得 $k = 7$,得到中位数的位置为 $k + 1 = 8$,上下分位点的位置为: $(3k + 3)/2 = 12$, $(k + 1)/2 = 4$ 。所得结果为: 394,394,417。明显地,这种方法的手工操作步骤较多。

方法二:使用函数 QUARTILE(返回一组数的四分位点)。

在单元格 C1 中输入" = QUARTILE(A1:A15,1)"求出下四分位点,再将 A1:A15 的行号和列号用" $ "锁定,拖动至 C2,C3,将" = QUARTILE($A $1: $A $15,1)"中的 1 改为 2、3 即可得到中位数和上四分位点,如图 7.36 所示。

C3	▼	fx	=QUARTILE($A$1:$A$15,3)		
	A	B	C	D	E
1	394		394		
2	394		394		
3	394		413.5		
4	394				
5	394				
6	394				
7	394				
8	394				
9	410				
10	410				
11	410				
12	417				
13	420				
14	420				
15	425				

图 7.36 QUARTILE 函数计算结果

注:这种方法是寻找分位点最直接、最快速的方法,但前提是要了解中位数和上下四分位数的数学定义。应注意的是,由于 Excel 中 QUARTILE 函数所遵循的原理与理论知识准备中的原理不同,所以这里用于下四分位数 413.5 最接近的数 417 来替代。

按照上述步骤,对其他问题进行相同处理,得到各自的中位数和四分位数如图 7.37 所示。

	A	B	C	D	E	F	G	H	I	J	K
									中位数	上四分位数	下四分位数
1											
2	问题1	预测意见	394	410	417	420	425		394	394	417
3		支持人数	8	3	1	2	1				
4	问题2	预测意见	685	700	711	731	722	840	700	685	711
5		支持人数	5	2	2	2	1	2			
6	问题3	预测意见	160	170	188	206	230		206	188	230
7		支持人数	1	2	2	6	4				

图 7.37 各方案的中位数和四分位数

根据所得的各方案的中位数和四分位数,理论上可认为各问题未来的发展趋势会介于上、下四分位数间,遵循上、下四分位数与中位数所确定的区间的一定分布。

下面,以第一个问题为例,介绍如何实施并评价德尔菲法中专家对问题的各个方案的评分效果。

根据对问题1a方案的调查结果,在 Excel 中得到问题1a的各个方案的等级评定程度,如图7.38 所示。

	A	B	C	D	E
1	方案1	方案2	方案3	方案4	方案5
2	1	2	3	5	4
3	1	2	3	5	4
4	1	2	5	4	3
5	1	2	5	4	3
6	1	3	4	5	2
7	1	3	4	5	2
8	2	3	4	5	1
9	2	1	4	5	3
10	2	1	4	5	3
11	2	1	5	4	3
12	2	1	5	4	3
13	2	1	5	4	3
14	3	1	4	5	2
15	3	1	4	5	2
16	3	2	5	4	1

图 7.38　各方案的最终重要程度列表

计算专家意见集中度 S_j,通过5种方案的等级和来衡量 $S_j = \sum_{i=1}^{m_j} R_{ij}$(方案的集中度),如图7.39 中的单元格 A17—E17。

这里可先计算出一个方案的重要程度之和,然后用鼠标将公式拖动到其他对应的单元格中。集中度越小,该方案越重要。可见此题中方案2最重要。

E17	▼	f_x	=SUM(E2:E16)	
	A	B	C	D	E
1	方案1	方案2	方案3	方案4	方案5
2	1	2	3	5	4
3	1	2	3	5	4
4	1	2	5	4	3
5	1	2	5	4	3
6	1	3	4	5	2
7	1	3	4	5	2
8	2	3	4	5	1
9	2	1	4	5	3
10	2	1	4	5	3
11	2	1	5	4	3
12	2	1	5	4	3
13	2	1	5	4	3
14	3	1	4	5	2
15	3	1	4	5	2
16	3	2	5	4	1
17	27	26	64	69	39

图 7.39　各方案的等级和

计算变异系数 $V_j = \dfrac{\sigma_j}{M_j}$，以反映专家意见协调程度，计算结果如图 7.40 所示。

E18	▼	f_x	=AVERAGE(E2:E16)	
	A	B	C	D	E
1	方案1	方案2	方案3	方案4	方案5
2	1	2	3	5	4
3	1	2	3	5	4
4	1	2	5	4	3
5	1	2	5	4	3
6	1	3	4	5	2
7	1	3	4	5	2
8	2	3	4	5	1
9	2	1	4	5	3
10	2	1	4	5	3
11	2	1	5	4	3
12	2	1	5	4	3
13	2	1	5	4	3
14	3	1	4	5	2
15	3	1	4	5	2
16	3	2	5	4	1
17	27	26	64	69	39
18	1.800	1.733	4.267	4.600	2.600

图 7.40　各方案的重要程度均值

	E19	▼	fx	=STDEV(E2:E16)	
	A	B	C	D	E
1	方案1	方案2	方案3	方案4	方案5
2	1	2	3	5	4
3	1	2	3	5	4
4	1	2	5	4	3
5	1	2	5	4	3
6	1	3	4	5	2
7	1	3	4	5	2
8	2	3	4	5	1
9	2	1	4	5	3
10	2	1	4	5	3
11	2	1	5	4	3
12	2	1	5	4	3
13	2	1	5	4	3
14	3	1	4	5	2
15	3	1	4	5	2
16	3	2	5	4	1
17	27	26	64	69	39
18	1.800	1.733	4.267	4.600	2.600
19	0.775	0.799	0.704	0.507	0.910

图 7.41　各方案的重要程度标准差

使用 STDEV 函数求解标准差,如图 7.41 中 A19 至 E19 所示。

变异系数 V_j 如图 7.42 所示。

	E20	▼	fx	=E19/E18	
	A	B	C	D	E
1	方案1	方案2	方案3	方案4	方案5
2	1	2	3	5	4
3	1	2	3	5	4
4	1	2	5	4	3
5	1	2	5	4	3
6	1	3	4	5	2
7	1	3	4	5	2
8	2	3	4	5	1
9	2	1	4	5	3
10	2	1	4	5	3
11	2	1	5	4	3
12	2	1	5	4	3
13	2	1	5	4	3
14	3	1	4	5	2
15	3	1	4	5	2
16	3	2	5	4	1
17	27	26	64	69	39
18	1.800	1.733	4.267	4.600	2.600
19	0.775	0.799	0.704	0.507	0.910
20	0.430 3	0.460 9	0.164 9	0.110 2	0.350 1

图 7.42　各方案的变异系数

单元格"A18：E18"的数值反映了专家意见集中度,值越小,方案越重要。由此可见方案 2 最重要。单元格"A20：E20"中的数值是专家意见变异系数,值越小,专家协调程度越高,可见保税物流园区选址方案 4 的专家协调程度最高。

案 例

中国某西部城市位于中俄边境,为了促进地方发展,计划建设一保税物流区域。经过实地考察,初步确定了可以用于建设改保税物流区域的 3 个候选地址,而该市有两个边境通关口岸。它们在以市中心为原点的地图上其候选地址坐标如表 7.7 所示。

表 7.7　坐标分布

供选地址＼坐标	坐标 x／千米	坐标 y／千米
口岸 1	50	35
口岸 2	42	28
候选地址 1	55	39
候选地址 2	34	40
候选地址 3	32	45

通过对运输数据进行统计,得出前 5 年两口岸日均进出货物总量如表 7.8 所示。

表 7.8　前 5 年口岸日均进出货物总量(单位:吨)

进出货物总量＼年份	2009	2010	2011	2012	2013
口岸 1	600	680	720	750	760
口岸 2	650	700	760	800	850

通过对候选地址进行专家评估,对三个方案分别从建设时间、预期成本收益、与周边环境协调三个目标进行考评,考评标准包括建设成本、建成后至口岸的运输时间以及候选地址现有配套设施。经讨论后得出如表 7.9 至表 7.11 所示的相对重要程度评分(分数越高相对越重要)。而对于考评目标,对于各个考评指标的相对重要程度,专家没有达成统一意见。

表 7.9　候选地址建设成本相对重要程度表

建设成本	候选地址 1	候选地址 2	候选地址 3
候选地址 1	1	4	1/3
候选地址 2	1/4	1	1/5
候选地址 3	3	5	1

表 7.10　候选地址运输时间相对重要程度表

运输时间	候选地址 1	候选地址 2	候选地址 3
候选地址 1	1	3	2
候选地址 2	1/3	1	3
候选地址 3	1/2	1/3	1

表 7.11　候选地址配套设施相对重要程度表

配套设施	候选地址 1	候选地址 2	候选地址 3
候选地址 1	1	1/5	1/3
候选地址 2	5	1	2
候选地址 3	3	1/2	1

如果最后确定建设保税物流区域类型为保税物流中心,请你根据相关政策、建设要求、设备设施、专家意见等方面的信息补充建设中应注意的事项,并从三个候选地址中确定一个选址。

课后习题

一、填空题

1. 保税区的设立由_____批准。

2. 出口加工区是由国家划定或开辟的_____、_____、装配出口商品的特殊工业区。

3. 保税区的隔离设施经_____验收合格,并在_____进驻管理后,保税区的功能方能启动运营。保税区内出口企业、仓储企业和外资企业应持主管部门的批准书向海关办理_____,经海关核准备案后方能从事_____和_____

业务。

4.在我国,出口加工区是经_____批准设立的,从事_____贸易,由_____实施封闭监管的特殊监管区域。

5.只有经_____对加工区的隔离设施验收合格,并派海关人员进驻后,方可启动加工区的有关业务。

6.保税物流中心(A型)是指经海关批准,由_____经营、专门从事经营_____业务的海关监管场所。

二、判断题

1.公用型物流中心是指由专门从事仓储物流业务的中国境内企业法人经营,向社会提供保税仓储物流综合服务的海关监管场所。　　　　　　　　(　　)

2.保税物流园区内部不得设立工业生产加工场所和商业性消费设施。
　　　　　　　　　　　　　　　　　　　　　　　　　　　　　(　　)

3.保税区外汇收入实行现汇管理,可以存入区内金融机构。　(　　)

4.国际货物在保税区与境外之间自由进出,但仓储时间有所限制。(　　)

5.保税区的隔离设施经海关总署验收合格,并在海关机构进驻管理后,保税区的功能方能启动运营。　　　　　　　　　　　　　　　　　　　(　　)

三、单项选择题

1.保税区内企业均可以按规定开立外汇账户;不办理(　　)核销手续。

A.出口付汇和进口收汇　　　　B.出口付汇和进口付汇

C.出口收汇和进口付汇　　　　D.出口收汇和进口收汇

2.出口加工区内企业为加工出口产品所需要的原材料、零部件、元器件、包装物料及消耗性材料,给予(　　)。

A.减税　　　　B.保税　　　　C.免税　　　　D.退税

3.保税物流中心(B型)是指经海关批准,由中国境内(　　)企业法人经营的海关集中监管场所。

A.1家　　　　B.2家　　　　C.1家及以上　　D.2家及以上

4.物流中心的仓储面积,东部地区不低于(　　)平方米,中西部地区不低于(　　)平方米。

A.10万,2万　　B.5万,2万　　C.5万,5万　　D.10万,5万

四、简答题

1.简述保税区的优势。

2.简述保税物流中心的特点。

项目 8　保税物流区域的管理

任务 1　认知保税物流区域业务

通过对项目 7 的学习，我们对中国现有主要的物流保税区域种类及相应的选址决策问题有了初步的认识，也了解了相应的方法技能。因此接下来的问题就是当根据客观条件和预期目标完成保税物流区域的选址和建设以后，应该怎样对保税物流区域进行良好的管理，使其充分发挥在政策、物流、报关等方面的优势。而要达到对保税物流区域的有效管理，则必须了解保税物流区域的业务范围，并在此基础上掌握通过保税物流区域业务对其物流能力进行评价的技能。

8.1.1　保税区物流业务

保税区亦称保税仓库区。这是一国海关设置的或经海关批准注册、受海关监督和管理的可以较长时间存储商品的区域，是经国务院批准设立的、海关实施特殊监管的经济区域。

保税区能使转口贸易更加便利。运入保税区的货物可以进行储存、改装、分类、混合、展览以及加工制造，但必须处于海关监管范围内。外国商品存入保税区，不必缴纳进口关税，尚可自由出口，只需交纳存储费和少量费用；但如果要进入关境则需交纳关税。各国的保税区都有不同的时间规定，逾期货物未办理有关手续，海关有权对其拍卖，拍卖后扣除有关费用后，余款退回货主。

在保税区的诸多业务之中，物流管理、加工贸易管理以及日常管理贯穿了所有的业务流程。

1) 保税区物流管理

保税区作为具有"飞地"性质的海关监管区域，其与境外、区外(同在一国，但是并非保税区域的其他区域)的货物贸易往来占据了保税区物流管理的大部分，与之对应基本的物流管理措施如下：

①进出保税区的货物、运输工具和个人携带物品，必须经由设有海关机构的出

入口进出。

②货物从境外运入保税区,应由收货人或者代理人向海关办理备案手续,不需办理报关手续。

③货物在保税区内企业之间可以自行流通,不需事先经海关批准,只要由进口货物的企业向海关备案。

④保税区货物经海关批准转让、销售至非保税区时,应由收货人或其代理人向海关办理进口手续,缴纳关税和其他税收后放行。

⑤从境内非保税区运入保税区的货物,应办理出口海关手续。

⑥进出保税区的运输工具,应由其承运人凭主管部门的批准书向海关办理登记备案手续。

(1)保税区进区操作流程

①货物到港后,凭正本提货单、白卡及相关报关资料到保税区海关申报进境备案(申报时经营单位必须是注册在保税区内的企业,如货主非保税区注册企业,必须由保税区企业代理)。

②保税区海关放行后,凭盖有海关放行章的正本提货单到口岸(海运)或保税区(空运)的检验检疫机关办理申报,放行后即可到口岸办理提货手续,同时,保税区海关会在白卡上予以签注。

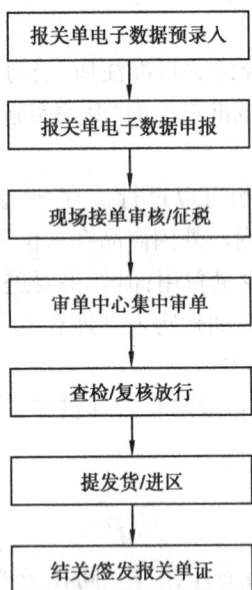

③车辆到港口提取保税进口货物,必须在离开港口海关监管区域前到口岸海关指定地点办理海关加封手续。同时承运车辆必须是海关许可的可以承运保税货物的车辆。

④承运车辆到达保税区卡口,先办理验封、验货核销白卡后,方可将货物运至保税仓库,保税仓库凭加盖保税区海关验讫章的放行单卸货进仓,并在保税区海关系统中输入货物进仓信息,等收到海关确认信息后即可。货物进入保税区的报关流程如图8.1所示。

(2)保税区货物出区至境外物流管理流程

①货物从保税区出区至境外时,凭保税仓库签发的提货单、配舱回单、白卡和相关资料到保税区海关办理出口报关手续(整箱需提供箱号),保税区海关受理后会制作关封,并将相关信息输入保税区电脑系统。

②保税仓库在收到海关出区确认信息后,即可打印保税货物出区凭单。货物

报关单电子数据预录入
↓
报关单电子数据申报
↓
现场接单审核/征税
↓
审单中心集中审单
↓
查检/复核放行
↓
提发货/进区
↓
结关/签发报关单证

图8.1　货物进入保税区报关流程

出保税区卡口时,凭出区凭单办理加封手续,并仍需海关许可的车辆运输。

③货物运抵口岸,口岸海关凭保税区海关关封办理验放手续,并在配舱回单上加盖放行章,凭在口岸加盖放行章的配舱回单办理货物装运出口。

(3)保税区货物出区至区外操作流程

①保税货物如在国内销售,凭保税仓库签发的提货单及区外经营单位的报关资料办理进口清关。保税区海关根据贸易方式的不同,按免税、征税的不同方式办理清关。保税区海关放行后,保税仓库在收到海关确认信息后打印出区凭单,作为货物出区凭证。

②货物出区时,在保税区卡口办理验货手续后即可出区。

2)保税区加工贸易管理

①保税区内企业应当接受海关核查和在法定期限内向海关办理核销手续。

②保税区内企业委托非保税区企业或者接受非保税区企业委托进行加工业务时,应当符合法定条件并事先向海关申请。

③保税区内企业开展加工贸易,不实行银行保证金台账制度。区外企业接受委托加工的,实行保证金台账管理。

④区内加工企业用境外运入料、件加工的制成品销往非保税区时,按制成品征税。

⑤国际商品可以在保税状态下直接进入区内专业展示展销市场,与国内经销商、最终消费者直接见面。

注:我国《经济法》对保税区加工贸易的条款

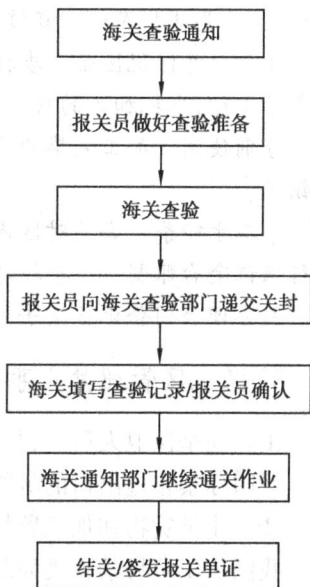

图 8.2　货物进出口(境)查验流程

第十九条　区内加工企业应当向海关办理所需料、件进出保税区备案手续。

第二十条　区内加工企业生产属于被动配额管理的出口货物,应当事先经国务院有关主管部门批准。

第二十一条　区内加工企业加工的制成品及其在加工过程中产生的边角余料运往境外时,应当按照国家有关规定向海关办理手续;除法律、行政法规另有规定外,免征出口关税。区内加工企业将区内加工的制成品、副次品或者在加工过程中产生的边角余料运往非保税区时,应当按照国家有关规定向海关办理进口报关手续,并依法纳税。

第二十二条　区内加工企业全部用境外运入料、件加工的制成品销往非保锐区时,海关按照进口制成品征税。用含有境外运入料、件加工的制成品销往非保税区时,海关对其制成品按照所含境外运入料、件征税;对所含境外运入料、件的品名、数量、价值申报不实的,海关按照进口制成品征税。

第二十三条 区内加工企业委托非保税区企业或者接受非保税区企业委托进行加工业务,应当事先经海关批准,并符合下列条件:

①在区内拥有生产场所,并已经正式开展加工业务。

②委托非保税区企业的加工业务,主要工序应当在区内进行。

③委托非保税区企业加工业务的期限为6个月;有特殊情况需要延长期限的,应当向海关申请展期,展期期限为6个月。在非保税区加工完毕的货物应当运回保税区;需要从非保税区直接出口的,应当向海关办理核销手续。

④接受非保税区企业委托加工的,由区内加工企业向海关办理委托加工料、件的备案手续,委托加工的料、件及货物应当与区内企业的料、件及货物分别建立账册并分别使用。加工完毕的货物应当运回非保税区企业,并由区内加工企业向海关销案。

第二十四条 海关对区内加工企业进料加工、来料加工业务,不实行加工贸易银行保证金台账制度。委托非保税区企业进行加工业务的,由非保税区企业向当地海关办理合同登记备案手续,并实行加工贸易银行保证金台账制度。

3)保税区管理禁止事项

①除安全保卫人员外,其他人员不得在保税区居住。

②国际禁止进出口的货物、物品不得进出保税区。

③禁止类货物和加工贸易禁止类商品不得在保税区开展加工贸易。

我国加工贸易禁止类商品包括国家禁止进、出口货物和加工贸易禁止及出口货物,可参见中华人民共和国海关总署官方网站,网址如下:

http://www.customs.gov.cn/publish/portal0/tab637/module18166/info38509.htm

我国海关对禁止出入境货物的规定可见《禁止出口货物目录》和《禁止进口货物目录》,除此之外,还包括下列特殊情况。

我国海关禁止出境物品如下:

①列入禁止进境范围的所有物品。

②内容涉及国家秘密的手稿、印刷品、胶卷、照片、唱片、影片、录音带、录像带、激光视盘、计算机存储介质及其他物品。

③珍贵文物及其他禁止出境的文体。

④濒危和珍贵的动物、植物(均含标本)及其种子和繁殖材料。

我国海关禁止入境物品如下:

①各种武器、仿真武器、弹药及爆炸物品。

②伪造的货币及伪造的有价证券。

③对中国政治、经济、文化、道德有害的印刷品、胶卷、照片、唱片、影片、录音带、录像带、激光视盘、计算机存储介质及其他物品。

④各种烈性毒药。

⑤鸦片、吗啡、海洛因、大麻以及其他能使人成瘾的麻醉品、精神药物。

⑥带有危险性病菌、害虫及其他有害生物的动物、植物及其货物。

⑦有碍人畜健康的、来自疫区的以及其他能传播疾病的食品、药品或其他物品。

8.1.2　保税物流中心物流业务

保税物流中心是封闭的海关监管区域,具备口岸功能,分 A 型和 B 型两种。A 型保税物流中心,是指经海关批准,由中国境内企业法人经营,专门从事保税仓储物流业务的海关监管场所。B 型保税物流中心,是指经海关批准,由中国境内一家企业法人经营,多家企业进入并从事保税仓储物流业务的海关集中监管场所。

1)保税物流中心仓储货物范围

①国内出口货物。

②转口货物和国际中转货物。

③外商暂存货物。

④加工贸易进出口货物。

⑤国际船舶和航空器的物料、维修件。

⑥进口货物的维修件。

⑦经海关批准的未结关货物。

2)保税物流中心物流业务种类

(1)允许范围

保税存储进出口货物及其未结关货物,进行流通性简单加工和增值服务,全球采购和国际分拨、配送,转口贸易和国际中转业务,经海关批准的其他国际物流业务。

(2)禁止范围

商业零售,生产和加工制造,维修、翻新和拆解,国家禁止或有危害的货物等。

3)保税物流中心海关物流监管要点

①物流中心内货物保税储存期限:1 年(A)和 2 年(B),可申请延长 1 年。

②物流中心与境外之间进出的货物,不实行进出口配额、许可证件管理。从境内运入中心的原进口货物,应办理出口报关手续,已缴的进口税不退。

③从境内运入中心已结关或者供中心自用国产设备(除生活消费用品和交通运输工具)以及转关出口货物,海关签发出口退税证明。

④保税仓储货物在存储期间发生损毁或者灭失,除不可抗力外,物流中心经营企业应当依法向海关缴纳损毁、灭失货物的税款,并承担相应的法律责任。

⑤物流中心(B型)经营企业不得在本中心内直接从事保税仓储物流的经营活动。

4)保税物流中心 A 型与 B 型物流管理比较

保税物流中心 A 型与 B 型的联系在于:

①保税物流中心分为 A,B 两类,都是经海关批准,由境内法人经营,从事保税仓储物流业务的海关监管场所。

②可以存放进口货物,也可以存放出口货物。

③境内货物入中心可以视同出口,享受出口退税。

④可以开展多项增值服务。

税物流中心 A 型与 B 型的构成区别主要表现为:

①保税物流中心 A 型是由一家法人企业设立并经营的保税物流服务的海关监管场所。

②保税物流中心 B 型是指由多家保税物流企业在空间上集中布局保税物流的海关监管场所。

税物流中心 A 型与 B 型的审批和验收程序区别表现为:

①保税物流中心 A 型应由企业申请经直属海关审批并由直属海关会同省级国税、外汇管理部门验收。

②保税物流中心 B 型由直属海关受理审核后报海关总署审批,并由海关总署国家税务总局和国家外汇管理局等部门组成联合验收小组进行验收。

税物流中心 A 型与 B 型对企业资格条件的限制区别为:

①保税物流中心 A 型要求企业注册资本最低为 3 000 万人民币。

②保税物流中心 B 型经营企业最低为 5 000 万人民币;对入驻企业资格要求较低,注册资本最低限额为 500 万人民币。

税物流中心 A 型与 B 型对货物存储期限区别为:

①保税物流中心 A 型货物存储期限为 1 年。

②保税物流中心 B 型货物存储期限为 2 年。

③特殊情况均可予以延期 1 年。货物存储期限不同。

8.1.3 保税物流园区物流业务

保税物流园区是指经国务院批准,在保税区规划面积或者毗邻保税区的特定港区内设立的、专门发展现代国际物流业的海关特殊监管区域。

1)保税物流园区的主要物流业务

①国际中转——为更好地结合港口地缘优势和保税区优惠的政策优势,充分利用保税区所具有的"两头在外"的功能和港区航运资源为货物快速集并集散等方面提供的便利条件,开展货物进口、出口、中转的集运,多国多地区的快速集并和国际联合快运等业务,加快货物在境内外的快速梳动。

②国际配送——利用保税区的特殊政策,对进口保税货物进行分拣、分配、分销、分送等配送分拨业务,或进行邻港增值加工后向国内外配送。

③国际采购——通过引入跨国采购中心,在物流园区建立全球化的采购系统,组织采购国内货物的出口,依托本国的制造能力以及与之所形成的全球物流供应链,促进国内商品出口,为本国商品走向世界市场开辟一条绿色通道。

④国际转口贸易——赋予保税物流园区内企业在区内开展转口贸易的功能,是鼓励进区企业开展国际物流运作,开展以转口贸易为核心的服务贸易,从而促进外贸进出口业的快速发展,使口岸功能得以全面提升。

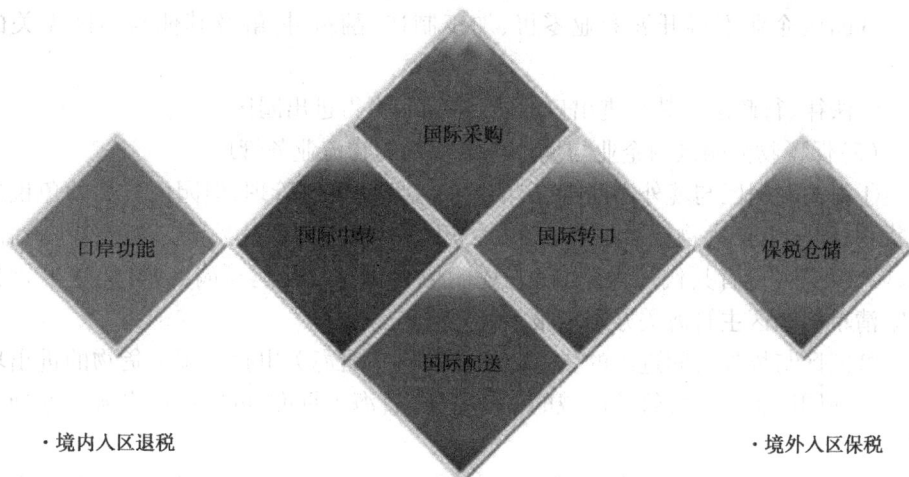

·境内入区退税 ·境外入区保税

图8.3 保税物流园区物流业务

2) 保税物流园区对企业物流的管理

(1) 海关对保税物流园区设立企业的审批

①企业具备法人资格,纳税能力。

②企业在开展仓储、物流业务前,应按照《海关对报关单位注册登记管理规定》及相关规定向海关办理注册。

③企业在园区内拥有专门的营业场所。

(2) 海关对园区企业经营活动的监管

①企业建立计算机网络系统,并与海关计算机系统进行联网。

②企业送交会计账册给海关进行审核。

③企业按月向海关提交进、出、转、存情况表和年度财务会计报告。

(3) 保税物流园区内企业之间的物流管理

①园区货物不设存储期限,每年必须办理报核手续。

②园区内货物可以自由流转,但转让、转移货物时必须向海关备案和报核。

③未经海关许可,不得将货物抵押、质押、留置、移作他用或进行其他处置。

(4) 保税物流园区内企业物流禁止事项

①除园区管理人员、安保人员外,其他人员不得在园区内居住。

②园区企业不得建立工业生产加工场所和商业性消费设施。

③园区企业不得开展商业零售、加工制造、翻新、拆解及其他与园区无关的业务。

④法律、行政法规禁止进出口的货物、物品不得进出园区。

(5) 保税物流园区内企业与境外进出货物的物流业务管理

①海关对园区与境外之间进、出的货物实行备案制管理,但园区自用的免税进口货物、国际中转货物或者法律、行政法规另有规定的货物除外。境外货物到港后,园区企业(或者其代理人)可以先凭舱单将货物直接运至园区,再凭进境货物备案清单向园区主管海关办理申报手续。

②园区与境外之间进出的货物应当向园区主管海关申报。园区货物的进出境口岸不在园区主管海关管辖区域的,经园区主管海关批准,可以在口岸海关办理申报手续。

③园区内开展整箱进出、二次拼箱等国际中转业务的,由开展此项业务的企业向海关发送电子舱单数据,园区企业向园区主管海关申请提箱、集运等,凭舱单等单证办理进出境申报手续。

④从园区运往境外的货物,除法律、行政法规另有规定外,免征出口关税。

⑤下列货物、物品从境外进入园区,海关予以办理免税手续:

a.园区的基础设施建设项目所需的设备、物资等。

b.园区企业为开展业务所需的机器、装卸设备、仓储设施、管理设备及其维修用消耗品、零配件及工具。

c.园区行政管理机构及其经营主体和园区企业自用合理数量的办公用品。

⑥下列货物从境外进入园区,海关予以办理保税手续:

a.园区企业为开展业务所需的货物及其包装物料。

b.加工贸易进口货物。

c.转口贸易货物。

d.外商暂存货物。

e.供应国际航行船舶和航空器的物料、维修用零配件。

f.进口寄售货物。

g.进境检测、维修货物及其零配件。

h.供看样订货的展览品、样品。

i.未办结海关手续的一般贸易货物。

j.经海关批准的其他进境货物。

⑦园区行政管理机构及其经营主体和园区企业从境外进口的自用交通运输工具、生活消费用品,按一般贸易进口货物的有关规定向海关办理申报手续。

⑧园区与境外之间进出的货物,不实行进出口许可证件管理,但法律、行政法规、规章另有规定的除外。

注:加工贸易进口

加工贸易进口是指使用加工贸易手册进口料件,采取保税加工方式进口的货物,这种方式可以暂免进口税。

注:转口贸易

转口贸易是指国际贸易中进出口货物的买卖,不是在生产国与消费国之间直接进行,而是通过第三国转手进行的贸易。交易的货物可以由出口国运往第三国,在第三国不经过加工(改换包装、分类、挑选、整理等不作为加工)再销往消费国,生产国与消费国之间并不发生交易关系,而是由中转国分别同生产国和消费国发生交易。

注:进口寄售

进口寄售是指出口商(寄售人)先将货物运到进口国,委托代销客户(代销人)在当地市场代为销售,货物售出后,再将货款扣除佣金后汇交出口商。

(6)保税物流园区内企业与区外进出货物的物流业务管理

①园区与区外之间进出的货物,由园区企业或者区外收、发货人(或者其代理人)在园区主管海关办理申报手续。园区企业在区外从事进出口贸易业务且货物

不实际进出园区的,可以在收、发货人所在地的主管海关或者货物实际进出境口岸的海关办理申报手续。

②园区货物运往区外视同进口,园区企业或者区外收货人(或者其代理人)按照进口货物的有关规定向园区主管海关申报,海关按照货物出园区时的实际监管方式的有关规定办理。

③园区企业跨关区配送货物或者异地企业跨关区到园区提取货物的,可以在园区主管海关办理申报手续,也可以按照海关规定办理进口转关手续。

④除法律、行政法规、规章规定不得集中申报的货物外,园区企业少批量、多批次进、出货物的,经园区主管海关批准可以办理集中申报手续,并适用每次货物进出口时海关接受该货物申报之日实施的税率、汇率。集中申报的期限不得超过1个月,且不得跨年度办理。

⑤区外货物运入园区视同出口,由园区企业或者区外发货人(或者其代理人)向园区主管海关办理出口申报手续。属于应当征收出口关税的商品,海关按照有关规定征收出口关税;属于许可证件管理的商品,应当同时向海关出具有效的出口许可证件,但法律、行政法规、规章另有规定在出境申报环节提交出口许可证件的除外。

⑥从园区到区外的货物涉及免税的,海关按照进口免税货物的有关规定办理。

⑦经园区主管海关批准,园区企业可以在园区综合办公区专用的展示场所举办商品展示活动。展示的货物应当在园区主管海关备案,并接受海关监管。园区企业在区外其他地方举办商品展示活动的,应当比照海关对暂时进口货物的管理规定办理有关手续。

⑧园区行政管理机构及其经营主体和园区企业使用的机器、设备和办公用品等,需要运往区外进行检测、维修的,应当向园区主管海关提出申请,经园区主管海关核准、登记后可以运往区外。

⑨运往区外检测、维修的机器、设备和办公用品等不得留在区外使用,并自运出之日起60日内运回园区。因特殊情况不能如期运回的,园区行政管理机构及其经营主体和园区企业应当于期满前10日内,以书面形式向园区主管海关申请延期,延长期限不得超过30日。

⑩检测、维修完毕运回园区的机器、设备等应当为原物。有更换新零配件或者附件的,原零配件或者附件应当一并运回园区。对在区外更换的国产零配件或者附件,如需退税,由园区企业或者区外企业提出申请,园区主管海关按照出口货物的有关规定办理,并签发出口货物报关单证明联。

⑪区外原进口货物需要退运出境或者原出口货物需要复运进境的,不得经过园区进出境或者进入园区存储。根据无代价抵偿货物规定进行更换的区外原进口

货物,留在区外不退运出境的,也不得进入园区。

⑫物流园区与园区外的进出货物通关管理。

园区货物运往区外情况——一般贸易、加工贸易、减免税设备、运往区外检测、维修设备(不得留在区外使用)。

注:一般贸易

一般贸易指单边输入关境或单边输出关境的进出口贸易方式,其交易的货物是企业单边售定的正常贸易的进出口货物。

一般贸易进出口货物是海关监管货物的一种。一般贸易货物在进口时可以按一般进出口监管制度办理海关手续,这时它就是一般进出口货物;也可以享受特定减免税优惠,按照特定减免税监管制度办理海关手续,这时它就是特定减免税货物;也可以经海关批准保税,按照保税监管制度办理海关手续,这时它就是保税货物。

注:加工贸易

加工贸易是一国通过各种不同的方式,进口原料、材料或零件,利用本国的生产能力和技术,加工成成品后再出口,从而获得以外汇体现的附加价值。加工贸易是以加工为特征的再出口业务,按照所承接的业务特点不同,常见的加工贸易方式包括:进料加工、来料加工、装配业务和协作生产。

(7)保税物流园区内货物的监管实务

①园区内货物可以自由流转。园区企业转让、转移货物时应当将货物的具体品名、数量、金额等有关事项向海关进行电子数据备案,并在转让、转移后向海关办理报核手续。

②未经园区主管海关许可,园区企业不得将所存货物抵押、质押、留置、移作他用或者进行其他处置。

③园区企业可以对所存货物开展流通性简单加工和增值服务,包括分级分类、分拆分拣、分装、计量、组合包装、打膜、加刷唛码、刷贴标志、改换包装、拼装等具有商业增值的辅助性作业。

④申请在园区内开展维修业务的企业应当具有企业法人资格,并在园区主管海关登记备案。园区企业所维修的货物及其零配件仅限于来自境外,检测维修后的货物、更换的零配件以及维修过程中产生的物料等应当复运出境。

⑤园区企业自开展业务之日起,应当每年向园区主管海关办理报核手续。园区主管海关应当自受理报核申请之日起30日内予以核库。企业有关账册、原始数据应当自核库结束之日起至少保留3年。

⑥进入园区的国内出口货物尚未办理退税手续的,因品质或者规格原因需要退还出口企业时,园区企业应当在货物申报进入园区之日起1年内提出申请,并提

供出口企业所在地主管税务部门出具的未办理出口退税证明,经园区主管海关批准后,可以办理退运手续,且无须缴纳进口关税、进口环节增值税和消费税;海关已征收出口关税的,应当予以退还。货物以转关方式进入园区的,园区企业出具启运地海关退运联系单后,由园区主管海关办理相关手续。

注:进境货物未经流通性简单加工,需原状退运出境的,园区企业可以向园区主管海关申请办理退运手续。已办理出口退税的货物或者已经流通性简单加工的货物(包括进境货物)如需退运,按照进出口货物的有关规定办理海关手续。

注:流通性加工

流通性加工是指为了使货物在流通市场更方便地流通所做的加工。比如说,散装的东西加个小包装。

⑦除已经流通性简单加工的货物外,区外进入园区的货物,因质量、规格型号与合同不符等原因,需原状返还出口企业进行更换的,园区企业应当在货物申报进入园区之日起1年内向园区主管海关申请办理退换手续。海关按照《中华人民共和国海关进出口货物征税管理办法》的有关规定办理。

注:更换的货物进入园区时,可以免领出口许可证件,免征出口关税,但海关不予签发出口货物报关单证明联。

⑧园区企业需要开展危险化工品和易燃易爆物品存储业务的,应当取得安全生产管理、消防、环保等相关部门的行政许可,并报园区主管海关备案。有关储罐、装置、设备等设施应当符合海关的监管要求。

⑨除法律、行政法规规定不得声明放弃的货物外,园区企业可以申请放弃货物。

放弃货物由园区主管海关依法提取变卖,变卖收入由海关按照有关规定处理。依法变卖后,企业凭放弃该批货物的申请和园区主管海关提取变卖该货物的有关单证办理核销手续;确因无使用价值无法变卖并经海关核准的,由企业自行处理,由园区主管海关直接办理核销手续。放弃货物在海关提取变卖前所需的仓储等费用,由企业自行承担。

对按照规定应当销毁的放弃货物,由企业负责销毁,园区主管海关可以派员监督。园区主管海关凭有关主管部门的证明材料办理核销手续。

⑩因不可抗力造成园区货物损坏、损毁、灭失的,园区企业应当及时书面报告园区主管海关,说明理由并提供保险、灾害鉴定部门的有关证明。经园区主管海关核实确认后,按照下列规定处理:

A.货物灭失,或者虽未灭失但完全失去使用价值的,海关予以办理核销和免税手续。

B.进境货物损坏、损毁,失去原使用价值但可以再利用的,园区企业可以向园区主管海关办理退运手续。如不退运出境并要求运往区外的,由园区企业提出申请,并经园区主管海关核准,根据受灾货物的使用价值进行估价、征税后运出园区外。

C.区外进入园区的货物损坏、损毁,失去原使用价值但可以再利用,且需向出口企业进行退换的,可以退换为与损坏货物同一品名、规格、数量、价格的货物,并向园区主管海关办理退运手续。

⑪因保管不善等非不可抗力因素造成货物损坏、损毁、灭失的,按下列规定办理:

A.对于从境外进入园区的货物,园区企业应当按照一般贸易进口货物的规定,以货物进入园区时海关接受申报之日适用的税率、汇率,依法向海关缴纳损毁、灭失货物原价值的关税、进口环节增值税和消费税。

B.对于从区外进入园区的货物,园区企业应当重新缴纳因出口而退还的国内环节有关税收,海关据此办理核销手续。

⑫园区货物不设存储期限。

(8)保税物流园区与其他监管区域物流业务管理

①海关对于园区与海关特殊监管区域或者保税监管场所之间往来的货物,继续实行保税监管,不予签发出口货物报关单证明联。但货物从未实行国内货物入区(仓)环节出口退税制度的海关特殊监管区域或者保税监管场所转入园区的,按照货物实际离境的有关规定办理申报手续,由转出地海关签发出口货物报关单证明联。

②园区与其他海关特殊监管区域、保税监管场所之间的货物交易、流转,不征收进出口环节和国内流通环节的有关税收。

(9)保税物流园区与保税区的物流业务比较

依据国家政策,保税物流园区要实行封闭管理,参照出口加工区的标准建设隔离监管设施。这就是说保税物流园区与保税区是相对隔离的两个不同的政策区域。

①在国际贸易方面保税区与保税物流园区各有侧重。

保税区重在发展进口贸易,保税物流园区则重在服务出口贸易。依据《国务院办公厅关于同意扩大保税区与港区联动试点的复函》精神,建设保税物流园区的目的是为吸引外资,增强企业国际竞争力和扩大外贸出口作出贡献。这就决定了保税物流园区以服务出口贸易为主的特性。

②保税物流园区在政策、功能和运作上较保税区具有较多优势,政策优惠更为显著。

表8.1 保税物流区和保税区物流业务的区别

项 目	保税物流园区	保税区
国内货物进区视同出口	是	否
海关监管	境内关外	境内关内
出口退税	进区退税	离境退税
贸易收付汇	国内企业可直接从园区内企业收付汇或境外收付汇	国内企业不能直接从园区企业收付汇
非贸易售付汇	允许	严格限制
工商管理	可以在区外设立经营性分支机构	不可在区外设立经营性分支机构
打印退税联	出口报关完成即可	需要跟踪货物出境
出境报关	一次出境备案	两次出境备案
出口报关	一次出口报关	一次出口报关和一次进区报关
卡口	无人自动化管理	人工检查
区内企业自用设备、办公和生活消费用品的货物认证	检验检疫机构免于强制性货物认证,免予实施品质检验	检验检疫机构必须强制性货物认证
集装箱业务	可以拆箱、拼箱,无堆存时间限制	中转集装箱只能整箱进出,14天必须报关
进口货物分拨配送业务	凭担保分批出区,集中报关	不能

　　根据国家规定,保税物流园区享受保税区相关政策。除此之外对国内外投资者来说,保税物流园区除获得保税区的所有传统免税优惠,还得到通常只有自由贸易区才能享受的出口退税政策。货物一旦从国内到园区,出口商即有权申请退税,改变了现行的"离境退税"方式。这是园区最吸引加工贸易的政策。过去,为获得退税,一些加工贸易公司先将货物出口到韩国或日本以及中国的香港地区,然后再进口,进行了所谓的"境外一日游",使成本和周转时间增加。

　　(10)保税物流园区与出口加工区的物流业务比较

　　①出口加工区同保税物流园区一样也具有"境内关外"的保税功能。

　　与保税物流园区和保税区所不同的是:出口加工区在进区货物的加工增值方面具有比较完善的功能,加工并增值后的复出口是其区别于其他以贸易为主的封闭式开放区域的重要特点。

　　②在保税物流园区内只能进行简单加工,国际物流是保税物流园区的主体

功能。

而在出口加工区,加工制造业是它的主体功能,出口加工区具有明确的产业导向,这是出口加工区与自由贸易区的区别之一。区别之二,无论是保税区还是保税物流园区,一般都有明显的隔离设施与区外隔开,而出口加工区则没有此类设施。区别之三,出口加工区只能享受一般的租税优惠,而不能享受关税豁免。

8.1.4 保税港区物流业务

保税港区的功能具体包括仓储物流,对外贸易,国际采购、分销和配送,国际中转,检测和售后服务维修,商品展示,研发、加工、制造,港口作业9项功能。

保税港区享受保税区、出口加工区、保税物流园区相关的税收和外汇管理政策。内容主要为:国外货物入港区保税;货物出港区进入国内销售按货物进口的有关规定办理报关,并按货物实际状态征税;国内货物入港区视同出口,实行退税;港区内企业之间的货物交易不征增值税和消费税。保税港区叠加了保税区和出口加工区税收和外汇政策,在区位、功能和政策上优势更明显。

注:保税港区税收政策

①境外至区内,免征进口关税和进口环节海关代征税,除自用的交通运输工具、生活消费用品。

②区内至境内,按货物实际状况征税,符合原产地规定的,可以享受协定税率或者特惠税率。

③境内与区内,国内货物进入港区实行退税。

④区与区之间,区内企业之间的货物交易不征收增值税和消费税。

⑤区内与境外,免征出口关税。

1)保税港区物流通关管理

(1)保税港区内企业与境外的物流业务管理

①对进出口货物实行备案制管理,对从境外进入保税港区的货物予以保税。

②不实行进出口配额、许可证管理。

(2)保税港区内企业与区外的物流业务管理

①出区货物,按照货物进出区时的实际状态缴纳税款;属于配额、许可证件管理商品的,还应当向海关出具配额、许可证件。

②区内企业可以集中申报,对1个自然月内的申报数据进行归并,次月申报,不得跨年度办理。税率、汇率适用申报之日。

③加工过程产生的边角料、废料和包装物料等出区,经批准,按实际状态缴纳税款,免领许可证。按残次品、副货物出区按实际状态征税,需要配额和许可证件

的,应提供相应证件。

注:保税港区特殊货物物流业务管理

进区退税:区内加工,转关出口,供区内行政机构和区内企业使用的国产基建物资、机器、装卸设备、办公用品等退税。

进区不退税:交通运输工具和生活消费用品不退税,原进口货物,在进区不退税。

外发加工:期限不得超过6个月,加工产生的边角料、废品、残次品、副货物按实际状态征税。

(3)区内货物的监管

区内企业可以转让、转移货物,定期向海关备案。区内加工贸易不实行保证金台账和合同核销制度,不实行单耗标准管理,不设存储期限。

区内货物因不可抗力损毁、灭失,应及时报告,海关予以办理核销和免税手续,如果还有价值,需经海关审定价格,征税出区。

由于管理不善造成损毁、灭失的,按一般贸易征税。从区外进入区内的货物,缴纳已退还的国内税款。

2)保税物流园区与保税港区物流业务比较

(1)实行范围

保税物流园区虽然使保税区和港口对接,然而在管理体制等方面区和港仍然分离。港区一体化建设方面尚处于初级阶段。而保税港区则将港和区一体规划,两者都属于保税港的一部分,为保税港区的管理体制、海关监管等政策进一步自由提供了条件。

(2)港口性质

保税物流园区并未将港口定位为"境内关外",所有来往港区之间的货物必须用海关监管车运输;从国内沿海各港口运至该港的货物仍属于内贸货,不需要进行报关。而保税港区规定,除经批准运载国内转运货物的船舶外,其他非国际航行船舶不得靠泊。港口作为保税港区的一部分,亦视作"境内关外",所有国内其他港口挂靠该港的航线都属于国际航线。

(3)功能名称

保税物流园区和保税港区的仓储物流功能上基本相同,然而由于两者的港口定性不同,"国际"的概念也随之不同。保税物流园区的港口与国内其他港之间的航线属于国内航线,因此"国际"的概念是指境外其他国家。而保税港区属于"飞地",港口与国内其他港之间的航线为国际航线,因此"国际"的涵盖面更广了,除指境外国家之外,还包括了国内其他港口。

注:飞地是一种特殊的人文地理现象,指隶属于某一行政区管辖但不与本区毗连的土地。通俗地讲,如果某一行政主体拥有一块飞地,那么它无法取道自己的行政区域到达该地,只能"飞"过其他行政主体的属地,才能到达自己的飞地。一般把本国境内包含的外国领土称为内飞地(enclave),外国境内的本国领土称为外飞地(exclave)。

(4)政策层面

在海关监管方面,保税港区按照现代海关制度的要求,根据其功能定位,充分运用现代信息科学技术,针对不同区域的货物采取卡口分道、货物分流、区域分设、程序分列的管理方法。在开放政策上,保税物流园区放开了部分的物流服务贸易,但同时又为其设置了贸易壁垒。虽然保税港区也并未打破区港联动的诸多限制,但开展多样的服务贸易能够配合发展保税港区各项功能。在后保税港区时期,当物流服务贸易发展成熟,就可能通过加快航运企业经营等服务的开放速度,谋求进一步扩展保税港区的业务。

表 8.2　海关监管模式与税收政策比较

	保税区	保税物流园区	综合保税区
功能	出口加工、国际贸易、进口保税仓储和商品展示	存储、简单加工、转口贸易、全球采购、分拨、配送、国际中转	具有口岸、物流、加工三大主要功能
管理方式	实行围网管理,并实行 24 小时全天候工作制度	围网管理,并实行 24 小时全天候工作制度	全封闭隔离设施;全域电视监控系统;保税港区海域全天巡查
监管模式	电子化联网监管模式,与H2000 系统联网	电子化联网监管模式,与H2000 系统联网	电子化联网监管模式;与H2000 系统联网
税收政策	进口区内自用物资免税,其他进口货物保税	税收政策同保税区,国内入区货物退税,区内交易不征增值税、消费税	叠加了保税区、保税物流园区、出口加工区相关的税收和外汇管理政策
成品内销政策	保税区内企业销往境内区外的货物,按成品征税	出口转内销,按成品征税	保税区、出口加工区、物流园区政策的叠加

任务2　掌握保税物流区域物流功能评价

通过任务1我们知晓了中国各类保税区域的业务范围和管理规定,这为保税物流区域的物流管理奠定了基础。那么在此基础上,是否应对保税物流区域进行合适的管理或进行改进以充分发挥或提高其物流业务能力呢? 进一步,如何评价保税物流区域的主要能力——物流能力——是否达到管理者的预期要求,从而采取相应的管理措施? 这是任务 2 将要完成的内容。

为了能与实际结合展开保税物流区域的功能评价,接下来我们以保税物流园区为例进行物流功能的评价指标和评价方法的学习。

8.2.1 保税物流园区物流能力的构成要素

1) 保税物流园区的物流系统

保税物流园区作为供应链上的一种物流节点,构成了特殊的供应链网链结构即保税物流园区供应链。保税物流园区供应链是围绕物流企业,通过对信息流、物流、资金流的控制,将物资货物经由供应商送到最终用户手中的一个将供应商、分销商、零售商,直到最终用户连成一体的功能网链结构模式。

对于保税物流园区来说,其在供应链中的作用是提供整体化物流服务。具有敏捷反应与快速响应用户需求功能的,从货物供应源开始将货物从供应商或分销商到保税物流园区再到其物流服务最终用户的一个物流功能网链结构模型,与普通的制造商或零售商的供应链模型相比,有着特殊的地方与不同的网链架构,如图8.4 所示。

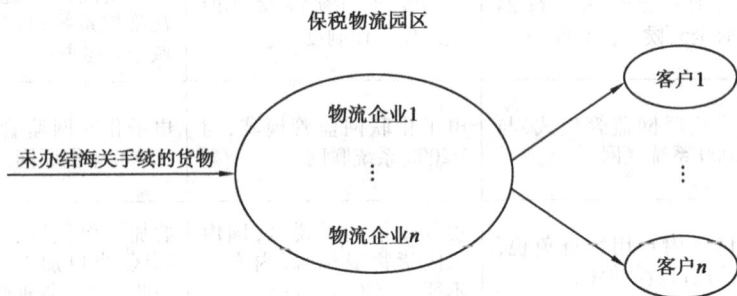

图 8.4　保税物流园区物流结构图

保税物流园区的物流系统又是一个由若干个相对独立的子系统构成的较为复杂的大系统,包括仓储系统、配送系统、增值服务系统、管理信息系统等子系统。保税物流园区物流能力是由各个子系统的能力构成的。同时,它又不是各子系统能力的简单加和。不同的物流园区由于所处地区的地理位置及物流特性,其具备的功能是不同的。因此,不同的保税物流园区物流系统就有了较大的差异。

2）保税物流园区物流能力构成

根据物流能力的特点,可以认为保税物流园区的物流能力是由物流要素能力和物流运作能力两方面构成的。物流要素是指输入保税物流园区物流系统的各种资源,包括各种物流机械设备、物流设施、劳动力、资金、信息等。

从可评价性的角度讲,物流要素能力主要是指物流机械设备、物流设施面积的能力。物流运作能力是指保税物流园区的物流企业管理者通过物流计划、组织与控制等手段,优化物流资源配置,提供高效率、低成本的物流服务能力。如果认为物流要素能力是一种静态能力,那么物流运作能力就是在这种静态能力的基础上的一种动态提升,是一种动态能力。保税物流园区物流能力结构如图8.5所示。

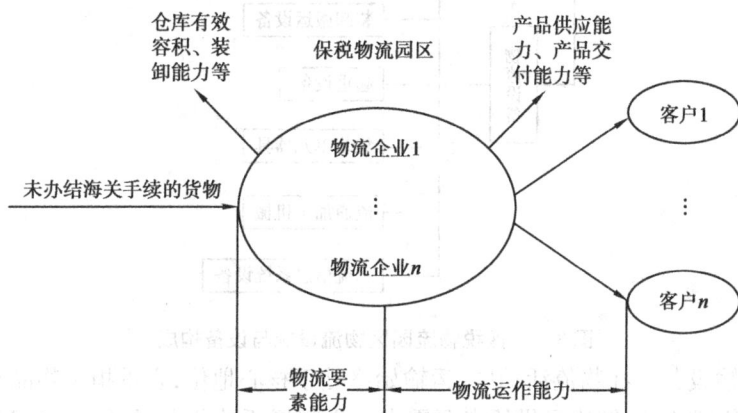

图8.5　保税物流园区物流能力结构图

（1）物流要素能力

这里的物流要素指输入保税物流园区物流系统的各种资源,包括各种物流机械设备、物流设施、劳动力、资金、信息等。这些物流资源作为整个物流系统的生产要素投入,广泛分布在诸如包装、装卸、运输、仓储、分拣、配载、订单处理等物流活动中。物流要素主要可以分为两类:

①物流设施与设备。

物流设施与设备就是指进行各项物流活动和物流作业所需的设备与设施的总称。它既包括各种机械设备、器具等可供长期使用,并在使用中基本保持原有实物形态的物质资料,也包括运输通道、货运站场和仓库等基础设施。总体来看,物流设施与设备可由两大部分构成:一是物流机械设备,二是物流基础设施,如图8.6所示。

A.物流设施。物流设施包括公路、铁路、航空、水运、管道及港口、货运站场和通信等基础设施,这些基础设施的建设水平和通过能力直接影响着物流各环节的运行效率。

```
物流设施与设备
├─ 物流设施
│   ├─ 公路、铁路、水运、航空、管道等
│   ├─ 货运站场、航空港口
│   └─ 通信设施
└─ 物流设备
    ├─ 运输设备
    ├─ 储存设备
    ├─ 装卸搬运设备
    ├─ 起重设备
    ├─ 集装单元器具
    ├─ 流通加工机械
    └─ 物流信息系统设备
```

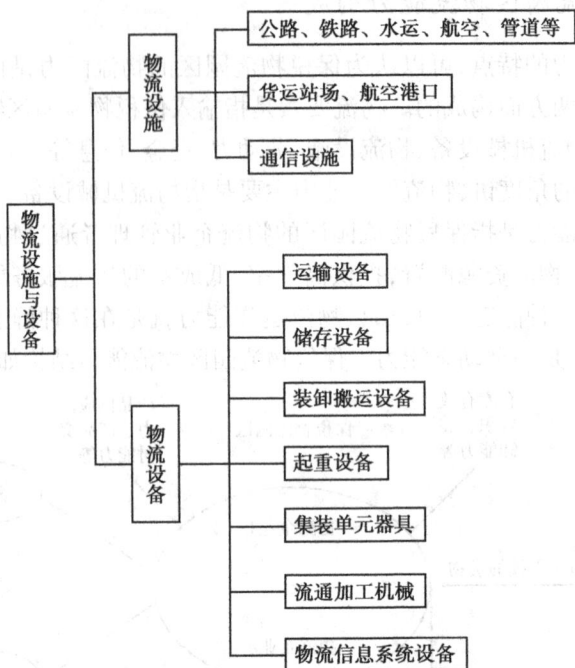

图 8.6　保税物流园区物流设施与设备构成

B. 运输设备。在物流活动中,运输始终处于核心地位,它承担了物品在空间各个环节的位置移动,解决了供给者和需求者之间场所的分离,是创造空间效用的主要功能要素,具有以时间换取空间的特殊功能。

C. 装卸搬运设备。装卸搬运设备是指用于搬移、升降、装卸和短距离输送物料的机械。它是物流系统中使用频度最大、使用数量最多的一类机械设备,是物流机械设备的重要组成部分。装卸搬运的工作量和所花费的时间,耗费的人力、物力在整个物流过程中都占有很大的比重。因此,合理配置装卸搬运设备直接影响运输效率和运输成本。

D. 储存设备。储存设备是指在储存区进行作业活动所需要的设备器具。其主要包括各种类型的货架、起重堆垛机、商品质量检验器具和商品保管维护工具等。

E. 集装单元器具。集装单元器具主要有托盘、集装箱和其他集装单元器具。货物经过集装单元器具进行集装和组合包装后,提高了搬运活动性,货物随时处于准备流动的状态,便于储存、装卸搬运、运输等环节的合理组织,便于实现物流作业的机械化、自动化、标准化。

图 8.7　常见物流运输设备

图 8.8　常见物流装卸设备

F. 流通加工机械。流通加工是指物品在从生产地到使用地的过程中,根据需要施加包装、分割、计量、分拣、刷标志、拴标签、组装等简单作业的总称。它是商品流通中的一种特殊形式,是弥补生产过程加工程度的不足、更有效地满足用户多样化的需要、更好地衔接产需、促进销售的一种高效、辅助性的加工活动。流通加工机械是完成流通加工任务的专用机械设备。

G. 物流信息技术设备。其包括计算机硬件设备、有线网络设备、无线网络设备和信息自动采集设备。

②物流人员。人是所有物流要素中最重要的因素。如果说物流设施和设备表现出来的是一种静态能力,那么物流人员的运作能力表现出来的则是一种动态能力,只有经过良好教育和培训的物流人员才能保证物流设备和设施的高效率和高

可靠性。当然,这主要是指物流操作人员的能力,对于物流管理者,他们的物流运作能力是整个物流能力的重要组成部分。

图8.9　集装单元器具——集装箱

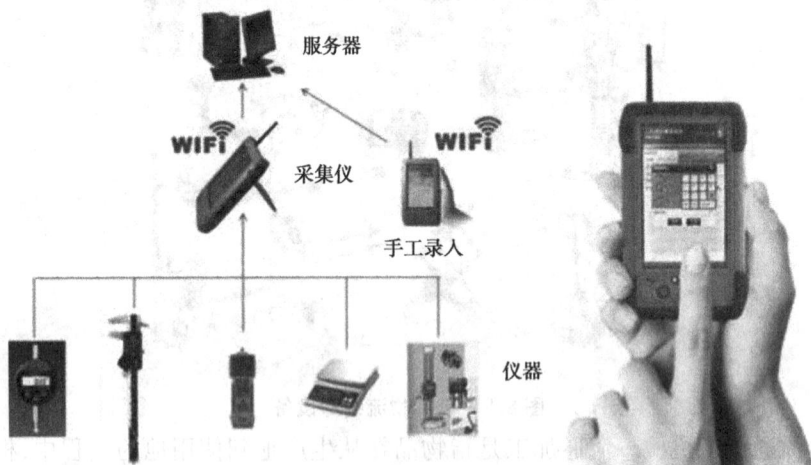

服务器

WiFi　采集仪

WiFi　手工录入

仪器

图8.10　常见物流信息采集设备

（2）物流运作能力

在物流系统中,物流能力不仅仅与物流要素能力相关,还与整个物流系统的运作能力有关。在物流管理中,提高物流服务水平和降低物流成本是一对矛盾。因此,物流成本的控制能力也是物流运作能力很重要的一个方面。下面将从物流服务能力和物流成本控制能力这两个方面对物流运作能力进行分析。

①物流服务能力。

在保税物流分销物流网络中,最重要的一种物流流出节点是物流配送中心。

物流配送中心是对运输、保管、装卸、包装、流通加工、配送、信息处理、订货开单、集中分拣、开箱拆零、拆包分装、入库登记、库存管理、统计查询、拣选、分类、盘点和编制报表等各项工作进行现代化统一管理。

物流配送中心在分销物流网络中作用极大,加速了商品流通,减少商品损耗,提高了库存周转率,提高了作业效率,最终是降低了分销成本,提高了客户服务水平。所谓基本客户服务就是与顾客建立最基本业务关系的客户服务,以全面保持客户的忠诚。增值客户服务就是根据客户需求进行的单独或者特别的物流服务。为客户提供的物流服务能力及其影响因素如表8.3所示。

表8.3　保税物流园区提供的物流服务能力及其影响因素

物流服务能力的构成	衡量指标	含　义	影响因素
基本服务能力	货物供应能力	为顾客提供所需货物的能力	分销网络覆盖范围;安全库存需求稳定性;个性化需求
	货物交付能力	按顾客要求准时交付货物的能力	订单传递、处理方式;备货效率;配送决策;作业可靠性
	信息服务能力	为顾客提供查询追踪货物的能力	物流信息系统;监控系统
增值服务能力	为顾客提供分销及售后服务上的延伸		

②物流成本控制能力。

物流成本控制能力是指物流管理者在满足物流需求的基础上运用各种方法和手段压缩成本的能力。事实上,企业完全可以通过维持大量的库存来满足制造需求和客户需求,但是,这样是以牺牲巨额成本为代价的。因此,成本控制能力应该是物流能力构成的一个很重要的因素。物流成本构成及其影响因素如表8.4所示。

表8.4　保税物流园区物流成本构成及其影响因素

成本构成	主要影响因素
仓储成本	平均库存水平;仓储面积;维护条件
拣货成本	分拣效率
搬运成本	搬运机械的选择和工作效率
包装成本	包装工具的选择、可重复利用性和标准化
配送成本	分销物流网络的布局;配送总量;配送频率
装卸成本	装卸机械的选择和工作效率

在各项物流成本中,有些成本是不增值的,或者说它们的存在是为了弥补物流运作中的不足。比如库存的存在,是为了防止物料供应不及时或者货物缺货,而通过改进运作方式是可以减少库存的;再比如运输成本,通过提高配载能力或者选择更好的运输方式,也可以降低运输成本。所以类似于这样的成本称为活动成本。

整个物流过程中的活动成本有:订货成本、运输成本、仓储成本、配送成本等。控制活动成本的方法就是在系统最优的原则下对各项物流活动进行优化决策。系统最优可以是总成本最低,也可以是服务水平与成本间的最佳平衡。

与活动成本相对应的就是固定成本。对于一个给定的物流系统而言,物流节点布局、物流设施、物流设备都是一定的,所以在这些方面所消耗的固定资产折旧、维护成本、人工成本、管理成本等几乎是固定的,所以称之为固定成本。对于固定成本的控制,主要是通过提高效率、扩大规模、减少浪费3个方面来降低总成本。

3)保税物流园区物流能力指标

（1）物流要素能力指标

①仓库有效容积。

针对不同类型的仓库,衡量仓库容积的指标有仓库有效面积和仓库储存总体积,仓库有效容积反映的是仓储设施能够提供的最大可使用空间,仓库面积利用率反映了实际物流量与库容的匹配状态。其计算公式如下:

$$V_E = \sum (S \times U_S) \times 100\%$$

$$U_S = \frac{Q}{V \times Q_0}$$

式中　V_E——仓库有效容积;

S——仓库使用面积;

U_S——仓库面积利用率;

Q——某一时期内平均库存量;

Q_0——单位容积存储量。

②设备装卸能力。

设备装卸能力计算公式如下:

$$HC = \sum (N_m \times HC_0 \times U_{HC} \times T)$$

$$U_{HC} = \frac{Q_{HC}}{Q_{HC_0}} = \frac{HC \times T}{HC_0 \times T_0}$$

式中　HC ——设备装卸能力；

　　　N_m ——机械台数；

　　　HC_0 ——设备额定装卸能力；

　　　U_{HC} ——装卸设备利用率；

　　　T ——工作台时；

　　　Q_{HC} ——设备实际装卸量；

　　　Q_{HC_0} ——设备额定装卸量；

　　　T_0 ——设备额定作业时间。

　　额定装卸能力指的是装卸设备单位时间的额定作业能力，对于不同的机械设备，其单位时间作业能力的计算是不同的；装卸设备利用率反映设备的利用程度，该指标越大，设备的综合利用水平越高，说明装卸设备管理状况越佳。

　　③设备搬运能力。

　　设备搬运能力分别用工序内、工序间搬运数量和距离来衡量，尽可能地减少搬运是要达到的目的之一。

$$TC = \sum TQ \times DT$$

式中　TQ ——搬运数量；

　　　DT ——搬运距离。

　　④拣货能力。

　　保税物流园区物流业务最复杂的一项是配送作业。若要提高拣货效率和效益，必须对人员、设备、策略、时间、成本和品质进行分析和评价。

$$PC = \frac{Q}{q \times D}$$

$$AP = \frac{Q}{N_p \times t \times D}$$

式中　PC ——拣货能力；

　　　Q ——订单数量；

　　　q ——每天预定拣取订单数；

　　　D ——工作天数；

　　　N_p ——拣货人数；

　　　t ——每天拣货时间；

　　　AP ——每人单位时间平均拣货能力。

（2）物流运作能力指标

物流运作能力指标的选取又分为物流服务能力指标的选取和物流成本控制能力指标的选取。

①物流服务能力指标。

A. 货物供应能力：反映了保税物流园区的库存能力，既不能以过高的库存为代价来获得较高的供应比率，又需要对突然发生的客户需求作出反应。因此，这个指标是对物流系统柔性的一种反映。

$$IT = \frac{TQ}{AQ}$$

式中 IT——库存周转率；

TQ——年发货量；

AQ——平均库存量。

$$PAR = \frac{Q_D}{TQ}$$

式中 PAR——货物可供率；

Q_D——货物需求满足量；

TQ——货物需求总量。

B. 货物交付能力：反映保税物流园区对客户订单的处理能力以及客户能感觉得到的服务水平，具体包括以下几个指标。

$$QDR = \frac{N_{OS}}{N}$$

式中 QDR——准时交货率；

N_{OS}——按期交货次数；

N——总交货次数。

$$QFA = \frac{Q_{WO}}{Q_O}$$

式中 QFA——订单完成准确率；

Q_{WO}——出错订单数；

Q_O——总订单数。

$$CQFR = \frac{N_{IO}}{N_{CO}}$$

式中 $CQFR$——订单完成完整率；

N_{IO}——不完整订单完成数；

N_{CO}——总订单完成数。

C. 信息服务能力:用客户要求满足率来反映保税物流园区的信息服务能力。

$$CSR = \frac{Q_{CS}}{Q_{CR}}$$

式中 CSR——客户要求满足率;

Q_{CS}——完成客户要求数;

Q_{CR}——客户要求总数。

D. 增值服务能力:保税物流园区的增值服务能力主要体现在对客户的定制化订单的处理上。

$$QSRC = \frac{N_{RCO}}{N_{TRCO}}$$

式中 $QSRC$——客户定制化要求满足率;

N_{RCO}——客户定制化订单完成数;

N_{TRCO}——客户定制化订单总数。

②物流成本控制能力指标的选取。

保税物流园区的物流成本包括仓储成本、拣货成本、装卸搬运成本、包装成本和配送成本,我们可以用一个综合的指标来衡量所有成本——单位配送成本。

$$C = \frac{\sum (C_H + C_{T1} + C_S + C_{P1} + C_{P2} + C_{T2})}{Q_P}$$

式中 C——单位配送成本;

C_H——装卸成本;

C_{T1}——搬运成本;

C_S——仓储成本;

C_{P1}——仓储成本;

C_{P2}——包装成本;

C_{T2}——产品配送成本;

Q_P——产品数量。

8.2.2 保税物流园区物流能力评价指标体系

1)保税物流园区物流能力评价指标体系建立原则

(1)系统性原则

保税物流园区是一个开放的系统,由许多子系统组成,比如保税物流园区的基础设施系统、运作系统、信息系统等,这些子系统并非独立地存在着,而是相互联系、相互作用的,任何子系统的变化都会影响其他子系统。同时,这些子系统又有机地构成了一个整体——保税物流园区,共同推动着它的发展。所以,既然是一个完整的系统,保税物流园区的功能就大于各个子系统功能的总和,也有其他子系统所没有的新的性质和功能。这样,在建立保税物流园区物流能力的评价指标体系时,一定要把保税物流园区里的关键要素看作一个系统来考虑。

(2)可操作性原则

可操作性是指指标数据收集的可行性。指标设计应尽量来源于现有统计资料和财务报表;同时注意指标含义的清晰度,尽量避免产生误解和歧义;另外还应考虑指标数量得当,指标间不出现交叉重复等问题,以此来提高实际评估的可操作性。再就是评价体系应当考虑到操作时的成本,应选择那些具有较强代表性的、能综合反映物流能力的指标,以减少工作量,降低成本。

(3)指标非相关性原则

在进行系统评价的时候,需要指标之间相互独立或者相关性较小。但事实上很难满足这项原则,各指标之间通常都存在着内部或外部的联系,不可能完全独立,对于指标的确定也难免产生人为的影响。对于这些影响,必须运用科学的分析方法予以排除或者尽可能地降低。

(4)可行性原则

所谓可行性,就是指问题的研究具有现实可能性。对于建立保税物流园区物流能力评价的这些指标要方便收集、适用且能反映问题,在评价上可行,进而可以改进保税物流园区系统。

(5)科学性原则

科学性原则是指要以科学思想为指导,以事实为依据。一方面,要以一定的事实为依据,使所选课题具有实践基础;另一方面,在处理信息时要采用科学的方法和手段,比如统计和数据分析,尽量减少人为的影响和干扰。

2)保税物流园区物流能力评价指标体系框架

保税物流园区物流能力的大小表现在保税物流园区物流系统的各个方面,应根据保税物流园区物流系统结构及运作并遵循上述确立指标的原则,建立多层次评价指标体系。具体如图8.11所示。

这里建立的评价模型包括了一般情况下保税物流园区应具备的评价指标。具体到各个保税物流园区,其功能、作用各不相同,所以保税物流园区的物流能力评价指标体系会有所不同,指标的权重分配也会有所不同。因此,评价模型可能会有所变化。例如可以采用统计学中常见的同比、环比比较方法以及项目7中的AHP

法建立评价模型,这里不再累述。本项目所介绍的评价指标以及指标体系不仅可用于保税物流园区的物流能力评价,还可用于其他保税物流区域的物流能力评价。

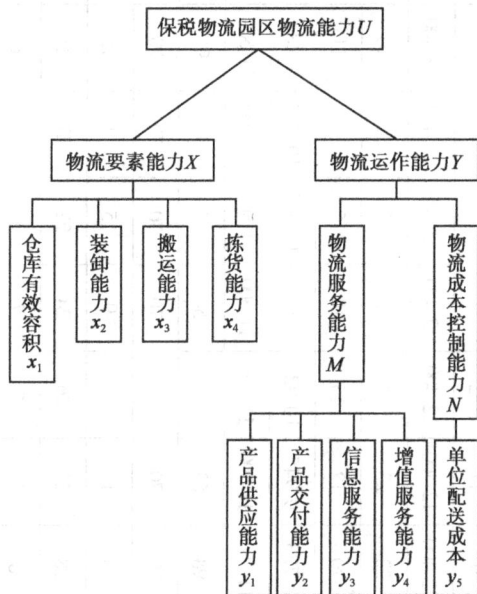

图8.11   保税物流园区物流能力评价指标体系框架

案　例

中国某西部城市于2010年建立保税物流园区,并于当年投入运营。为了更好地对保税物流园区进行管理,提升其物流能力,需要对保税物流园区的物流能力进行评价。因此,收集了2010—2013年园区的部分物流能力指标数据,如表8.5所示。

表 8.5　保税物流园区 2010 年部分物流指标数据

	1月	2月	3月	4月	5月	6月	7月	8月	9月	10月	11月	12月
仓库有效容积/m³	4 500	4 500	4 500	4 200	4 300	4 400	4 500	4 500	4 300	4 300	4 200	4 500
仓库使用面积/m²	714	527	918	706	661	757	877	972	754	798	540	748
单位容积存储量/件	3	5	2	4	4	4	2	2	5	4	2	4
机械台数/台	9	14	10	15	9	11	12	9	14	8	12	10
设备额定装卸能力/(件·天⁻¹)	12 400	12 400	12 400	12 400	12 400	12 400	12 400	12 400	12 400	12 400	12 400	12 400
设备额定作业时间/(小时·天⁻¹)	20	24	24	18	22	23	24	13	15	22	16	20
工作台时/(小时·天⁻¹)	19	24	8	16	20	12	15	10	15	15	11	18
设备实际装卸量/(件·天⁻¹)	8 043	8 490	9 665	10 930	8 723	9 945	10 922	8 699	11 335	10 884	8 282	11 330
设备额定装卸量/(件·天⁻¹)	11 500	11 500	11 500	11 500	11 500	11 500	11 500	11 500	11 500	11 500	11 500	11 500
订单数量/个	88	81	53	82	98	63	83	58	58	98	91	96
每天预拣选订单数/个	70	70	70	70	70	70	70	70	70	70	70	70
拣货人数/人	14	12	13	8	15	12	15	9	15	11	15	9
工作天数/天	21	26	29	22	28	27	26	24	22	27	21	26
每天拣货时间/小时	6	8	6	6	8	7	7	7	8	8	6	6
按期交货次数/(次·月⁻¹)	325	447	347	520	368	465	332	444	381	540	556	497
总交货次数/(次·月⁻¹)	325	456	363	528	382	471	341	444	393	540	565	507
货物需求满足量/件	15 882	18 052	15 502	16 336	14 330	16 037	16 840	19 437	14 295	16 135	15 553	17 530
货物需求总量/件	16 881	18 755	16 288	18 271	16 128	17 985	18 019	19 591	17 445	17 931	17 112	17 724
库存周转率	64.48	82.70	96.78	97.67	90.49	73.69	71.58	64.79	69.62	50.34	56.68	52.53

表 8.6 保税物流园区 2012 年部分物流指标数据

	1月	2月	3月	4月	5月	6月	7月	8月	9月	10月	11月	12月
仓库有效容积/m³	4 500	4 500	4 500	4 200	4 300	4 400	4 500	4 500	4 300	4 300	4 200	4 500
仓库使用面积/m²	660	785	886	973	863	536	816	641	523	955	619	827
单位容积存储量/件	2	3	4	4	4	5	3	3	3	4	4	3
机械台数/台	15	14	10	13	10	11	13	9	13	13	10	12
设备额定装卸能力/(件·天⁻¹)	12 400	12 400	12 400	12 400	12 400	12 400	12 400	12 400	12 400	12 400	12 400	12 400
设备额定作业时间/(小时·天⁻¹)	21	14	20	23	24	13	15	20	15	16	24	23
工作台时/(小时·天⁻¹)	17	14	17	22	16	10	13	13	11	16	22	16
设备实际装卸量/(件·天⁻¹)	9 270	10 129	10 757	10 692	8 114	8 675	10 510	8 632	10 722	8 151	9 824	10 292
设备额定装卸量/(件·天⁻¹)	11 500	11 500	11 500	11 500	11 500	11 500	11 500	11 500	11 500	11 500	11 500	11 500
订单数量/个	56	62	54	86	69	63	94	64	91	75	51	92
每天预定拣取订单数/个	70	70	70	70	70	70	70	70	70	70	70	70
拣货人数/人	14	8	15	9	13	10	8	13	9	15	15	12
工作天数/天	20	22	28	22	28	29	23	23	30	23	29	22
每天拣货时间/小时	6	7	8	8	8	6	7	6	8	8	7	7
按期交货次数/(次·月⁻¹)	381	329	575	515	423	346	465	542	577	435	518	424
总交货次数/(次·月⁻¹)	385	341	582	526	423	355	473	551	587	437	531	427
货物需求满足量/件	19 239	16 450	17 409	15 631	13 756	14 957	12 114	15 039	12 717	12 729	17 742	18 251
货物需求总量/件	19 532	17 719	18 792	18 272	15 128	18 466	15 052	16 636	15 590	15 223	19 960	18 512
库存周转率	79.19	66.21	80.08	73.20	90.90	92.84	73.61	53.39	99.22	73.36	68.13	63.56

表 8.7　保税物流园区 2013 年部分物流指标数据

	1月	2月	3月	4月	5月	6月	7月	8月	9月	10月	11月	12月
仓库有效容积/m³	4 500	4 500	4 500	4 200	4 300	4 400	4 500	4 500	4 300	4 300	4 200	4 500
仓库使用面积/m²	726	716	818	535	752	714	602	618	777	648	547	952
单位容积存储量/件	5	5	2	4	4	5	3	4	5	3	4	4
机械台数/台	10	9	11	9	10	9	14	9	9	9	14	9
设备额定装卸能力/(件·天$^{-1}$)	12 400	12 400	12 400	12 400	12 400	12 400	12 400	12 400	12 400	12 400	12 400	12 400
设备额定作业时间/(小时·天$^{-1}$)	19	13	17	18	18	15	24	18	16	14	20	21
工作台时/(小时·天$^{-1}$)	18	10	16	10	10	10	18	8	9	10	17	11
设备实际装卸量/(件·天$^{-1}$)	11 053	8 295	8 861	8 250	10 439	8 541	8 667	10 001	11 179	9 863	10 993	10 787
设备额定装卸量/(件·天$^{-1}$)	11 500	11 500	11 500	11 500	11 500	11 500	11 500	11 500	11 500	11 500	11 500	11 500
订单数量/个	53	57	96	78	71	74	92	80	51	69	77	62
每天预定拣取订单数/个	70	70	70	70	70	70	70	70	70	70	70	70
拣货人数/人	14	12	15	10	9	15	8	10	10	11	13	13
工作天数/天	21	24	25	21	28	30	29	25	22	23	21	25
每天拣货时间/小时	8	6	6	8	8	7	7	6	6	7	8	7
按期交货次数/(次·月$^{-1}$)	367	391	573	413	416	544	456	320	398	299	305	406
总交货次数/(次·月$^{-1}$)	377	400	577	427	419	552	458	331	409	313	314	408
货物需求满足量/件	18 391	14 413	19 546	16 719	16 127	15 153	16 069	18 405	13 606	14 917	12 915	13 007
货物需求总量/件	18 733	15 370	19 834	17 210	19 645	18 344	17 672	19 251	15 360	17 399	16 481	15 965
库存周转率	74.86	94.06	57.65	96.56	79.44	68.23	93.02	66.59	93.51	92.25	54.36	81.20

请根据以上数据,采用合适的方法对该保税物流园区 3 年来的物流能力发展趋势进行评估。

课后习题

一、填空题

1. 保税区货物经海关批准转让、销售至非保税区时,应由_____向海关办理_____手续,缴纳_____和其他税收后放行。

2. 货物到港后,凭_____、_____及相关报关资料到保税区海关申报进境备案。

3. 保税区内加工企业用境外运入料、件加工的制成品销往非保税区时,按_____征税。

4. 境外货物到港后,保税物流园区企业可以先凭_____将货物直接运至园区,再凭_____向园区主管海关办理申报手续。

5. 物流要素是指输入保税物流园区物流系统的各种资源,包括各种物流机械设备、_____、_____、_____、信息等。

二、判断题

1. 保税区货物经海关批准转让、销售至非保税区时,应由发货人或其代理人向海关办理出口手续。 ( )

2. 车辆到港口提取保税进口货物,必须在离开港口海关监管区域前到口岸海关指定地点办理海关加封手续。 ( )

3. 运往保税物流园区外检测、维修的机器、设备和办公用品等不得留在区外使用,并自运出之日起 60 日内运回园区。 ( )

4. 国内货物入保税港区视同出口,实行保税。 ( )

5. 交通运输工具和生活消费用品进入保税港区不退税,原进口货物,再进区不退税。 ( )

三、选择题

1. 从境内非保税区运入保税区的货物,应办理( )海关手续。
   A. 进口   B. 出口   C. 转口   D. 中继

2. 境外货物到港后,保税物流园区企业可以先凭( )将货物直接运至园区。
   A. 舱单   B. 正本提货单   C. 买卖合同   D. 副本提货单

3. 保税物流中心(B 型)内货物保税储存期限是( )。
   A. 1 个季度   B. 半年   C.1 年   D.2 年

4.保税园区企业自开展业务之日起,应当( )向园区主管海关办理报核手续。

  A.每月   B.每半年   C.每年   D.每季度

5.保税港区内企业集中申报的税率、汇率适用( )。

  A.申报前日 B.申报之日 C.上一个申报日 D.申报前2日

四、简答题

1.简述保税物流中心A型与B型审批和验收程序的构成区别。

2.简述保税物流园区的管理禁止事项。

参考文献

[1] 奚翠平. 保税物流园区发展水平评价研究[D]. 大连:大连海事大学, 2010.

[2] 熊芬. 保税物流园区物流能力评价[D]. 武汉:武汉理工大学, 2008.

[3] 蒋波, 李旭东. 内陆保税港区物流现状及发展对策研究——基于重庆保税港区的思考[J]. 西南农业大学学报, 2011, 9(8):21-24.

[4] 吴海燕. 内陆保税区对中国内陆经济的作用研究——以苏州综保区和武汉东西湖区保税物流中心为例[D]. 武汉:华中科技大学, 2010.

[5] 郑郁. 我国保税物流园区研究——兼论上海外高桥保税物流园区的运营与发展[D]. 上海:上海海事大学, 2006.

[6] 陈解平, 叶芸, 刘小建, 等. 海关特殊监管区域和保税监管场所实务操作与技巧[M]. 北京:中国海关出版社, 2013.

[7] "关务通加贸系列"编委会. 加工贸易实务操作与技巧[M]. 北京:中国海关出版社, 2013.

[8] 贺翔. 进出口报关实务[M]. 北京:中国人民大学出版社, 2012.

[9] 海关总署报关员资格考试教材编写委员会. 2013年版报关员资格全国统一考试教材[M]. 北京:中国海关出版社, 2013.

[10] 李淑霞. 关税征收[M]. 北京:中国海关出版社, 2005.

[11] 苏园关. 加工贸易与保税监管——企业实务操作技巧与案例[M]. 北京:中国海关出版社, 2007.

[12] 海关总署报关员资格考试教材编写委员会. 报关员资格考试全国统一考试教材[M]. 北京:中国海关出版社, 2013.

[13] 吕伟红. 构建海关保税物流监管体系[J]. 大陆桥, 2008(7):19-21.

[14] 赵光华. 海关保税物流监管体系综述[J]. 物流技术与应用, 2007(3):59-61.

[15] 刘星. 信息智能分析实验[M]. 重庆:重庆大学出版社, 2007.